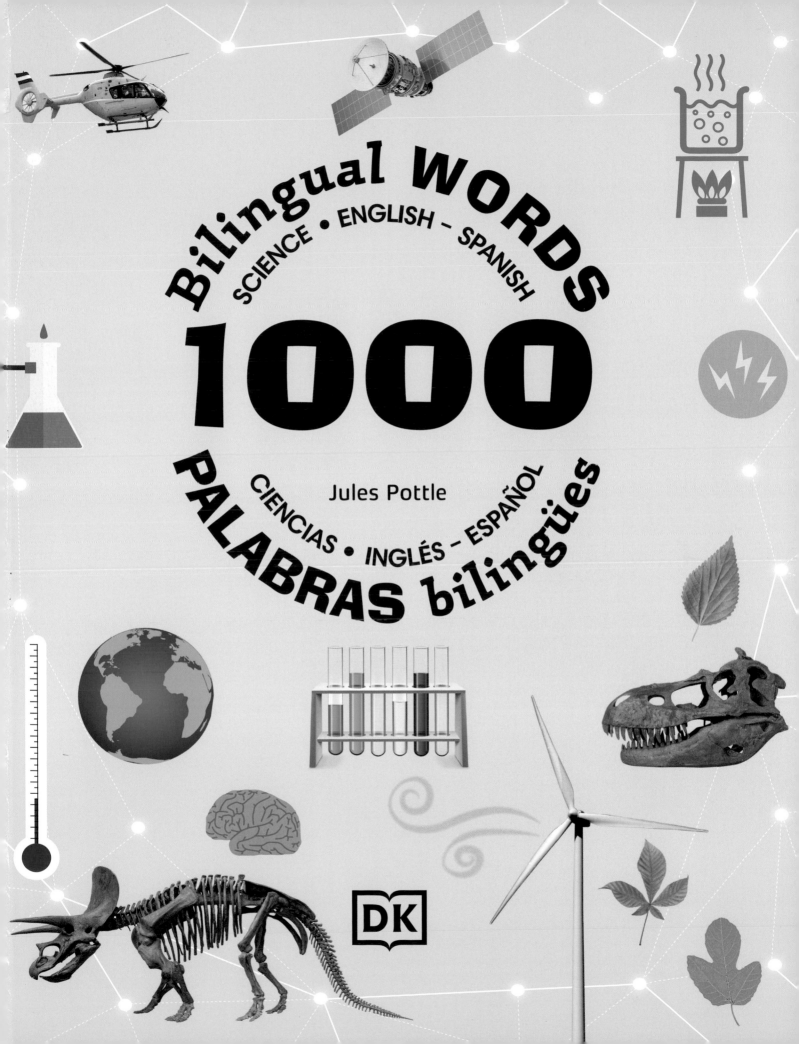

Bilingual WORDS
SCIENCE • ENGLISH – SPANISH

1000

Jules Pottle

CIENCIAS • INGLÉS – ESPAÑOL
PALABRAS bilingües

DK

Penguin
Random
House

Written by Jules Pottle
Editor Sophie Parkes
Senior Editors James Mitchem, Robin Moul, Dawn Sirett
US Senior Editor Lori Hand
Designers Rachael Hare, Sadie Thomas
Managing Editor Penny Smith
Managing Art Editor Mabel Chan
Art Director Helen Senior
Publishing Director Sarah Larter
Production Editor Abi Maxwell
Production Controller Inderjit Bhullar

Spanish edition
Editorial Coordination Cristina Sánchez Bustamante
Editorial Assistance and Production Malwina Zagawa

Editorial Services Tinta Simpàtica
Translation Anna Nualart

First American Edition, 2021
Published in the United States by DK Publishing
1450 Broadway, Suite 801, New York, NY 10018
A Penguin Random House Company

Original title: *1000 Words STEM*
First bilingual edition: 2021
Copyright © 2021 Dorling Kindersley Limited
© Spanish translation 2019 Dorling Kindersley Limited

ISBN 978-0-7440-4864-3

DK books are available at special discounts when purchased in bulk
for sales promotions, premiums, fund-raising, or educational use. For
details, contact: DK Publishing Special Markets, 1450 Broadway,
Suite 801, New York, NY 10018
SpecialSales@dk.com

Printed and bound in China
Para mentes curiosas
www.dkespañol.com

This book was made with Forest Stewardship
Council ™ certified paper – one small step in
DK's commitment to a sustainable future.
For more information go to
www.dk.com/our-green-pledge

FSC
www.fsc.org
MIX
Paper from
responsible sources
FSC™ C018179

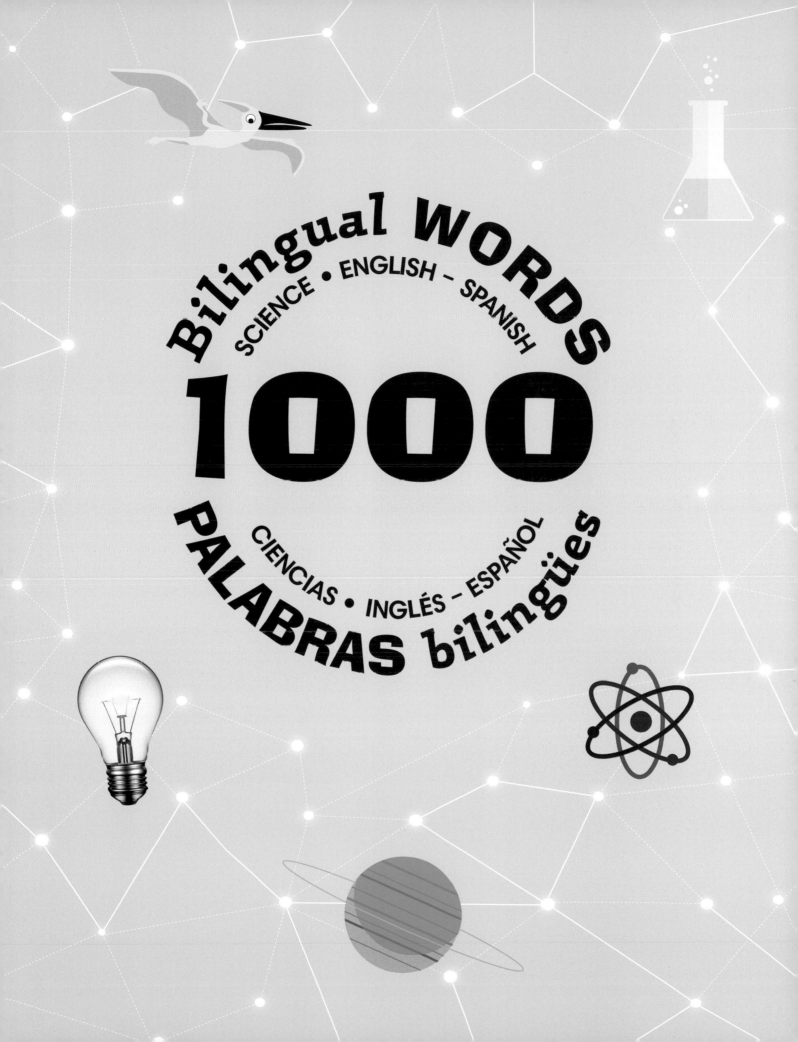

A note for parents about STEM...
Nota para los padres sobre STEM...

This bilingual book introduces children to STEM subjects, which incorporate science, technology, engineering, and maths. They often overlap. You need mathematical measurements to collect the results from a science experiment. You need to write computer programs to operate the machines you have engineered. You need to understand the science of forces to be a structural engineer. STEM subjects are highly interlinked and many of the words from one subject will be useful when learning about another.

Children will meet a lot of new words when they begin to study STEM subjects at school. A great deal of technical vocabulary is used in these lessons: names for pieces of equipment, names for things we cannot see (such as forces), and words that describe a specific property of materials (such as "opaque"), and these may all be new to children, especially in a second language.

This book contains topics and words that children are likely to encounter in their first few years at school. It also includes many of the topics that fascinate children in this age group, and some that show how STEM subjects are present in our everyday lives.

A broad vocabulary in both English and Spanish can help children to access their education more easily. Spending time with children and talking about the words and the illustrations in this book will expose them to more than just the words written here, as they will encounter additional words as part of the conversation. This book is a great place to start your child's STEM education while expanding their English and Spanish vocabulary.

Jules Pottle, elementary science consultant, teacher, and trainer

Con este libro bilingüe, los niños aprenderán sobre las disciplinas STEM, que son aquellas que cubren los campos de la ciencia, la tecnología, la ingeniería y las matemáticas. A menudo se solapan entre ellas. Para recoger los resultados de un experimento científico se necesitan mediciones matemáticas. Los ingenieros necesitan programas informáticos para hacer funcionar sus máquinas. También es necesario comprender la ciencia de las fuerzas en la ingeniería de estructuras. Las disciplinas STEM están muy interrelacionadas, y muchas de las palabras de cada una de ellas son útiles para el estudio de otras.

Los niños se encontrarán con muchas de estas palabras cuando, en la escuela, comiencen a estudiar las disciplinas STEM. Se trata de un tipo de lecciones en las que abunda el vocabulario técnico: nombres de instrumentos, nombres de cosas que no podemos ver (como las fuerzas) y palabras que describen propiedades específicas de los materiales (como «opaco»). Muchos de esos términos pueden ser nuevos para los niños, especialmente en un segundo idioma.

Este libro recorre los temas y las palabras que van a escuchar muy probablemente en sus primeros años de escuela. Incluye muchos de los temas que más les fascinan a esas edades y otros que muestran que las disciplinas STEM están presentes en nuestra vida cotidiana.

Disponer de un vocabulario amplio en inglés y español ayudará a los niños a aprender más fácilmente en la escuela. Dedicar tiempo con los niños a hablar de las palabras y las ilustraciones de este libro les permitirá aprender no solo el vocabulario impreso en sus páginas, sino también otras palabras y conceptos adicionales. Este libro es, pues, un excelente punto de partida para la educación de tu hijo en las disciplinas STEM y el aprendizaje de vocabulario en inglés y español.

Jules Pottle, asesora de introducción a la ciencia, profesora y formadora

Contents
Contenidos

Hot and cold
Caliente y frío

How warm are you right now? Some places in the world are warm, while others are freezing cold.

¿Hace mucho calor donde estás ahora mismo? En el mundo hay algunos lugares cálidos, mientras que otros son muy fríos.

sunglasses
las lentes de sol

fireworks
los fuegos artificiales

hot
caliente

summer
el verano

Sun
el Sol

orangutan
el orangután

fire
el fuego

explode
explotar

bonfire
la fogata

Equator
el ecuador

lizard
el lagarto

desert
el desierto

sand
la arena

coat
el abrigo

flask
el termo

camel
el camello

icicles
los témpanos

hot water bottle
la botella de agua caliente

cactus
el cactus

ice cubes
los cubitos de hielo

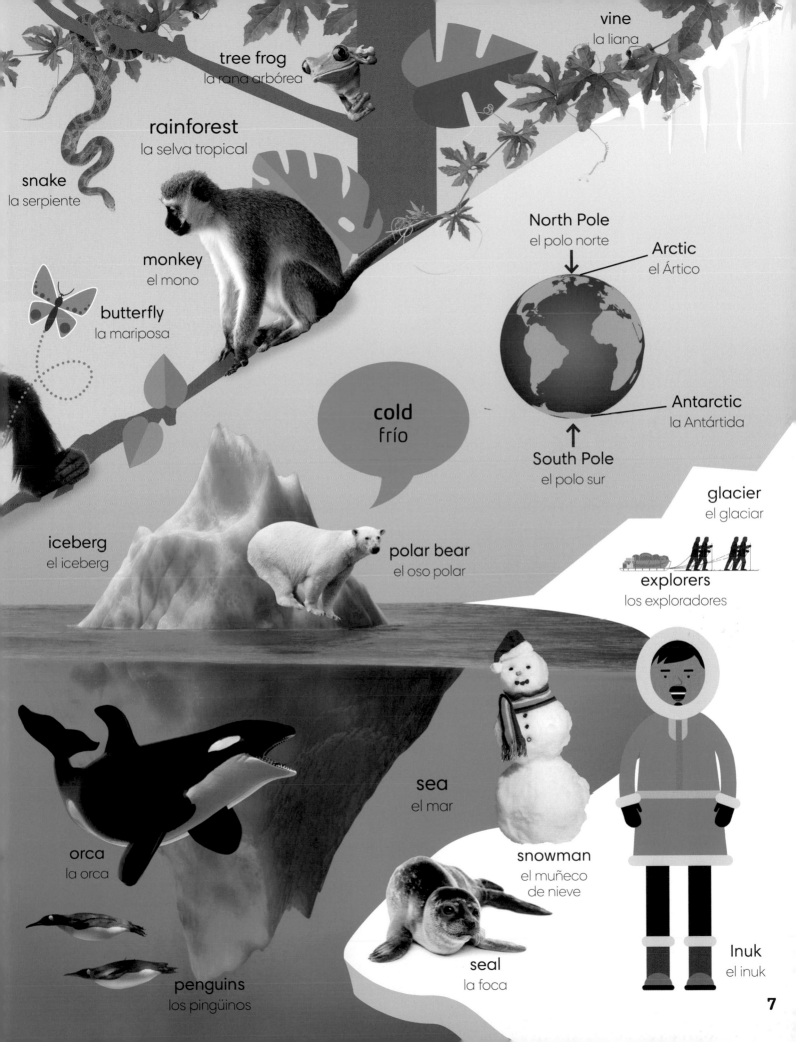

vine
la liana

tree frog
la rana arbórea

rainforest
la selva tropical

snake
la serpiente

monkey
el mono

butterfly
la mariposa

North Pole
el polo norte

Arctic
el Ártico

cold
frío

Antarctic
la Antártida

South Pole
el polo sur

glacier
el glaciar

iceberg
el iceberg

polar bear
el oso polar

explorers
los exploradores

sea
el mar

orca
la orca

snowman
el muñeco
de nieve

Inuk
el inuk

seal
la foca

penguins
los pingüinos

7

Seasons
Las estaciones

As the Earth orbits the Sun, countries near the North and South Poles move through different seasons.

A medida que la Tierra orbita alrededor del Sol, los países cercanos a los polos norte y sur pasan a través de las diferentes estaciones.

cold
frío

snowflake
el copo de nieve

Christmas lights
las luces de Navidad

reindeer
el reno

evergreen tree
el árbol de hoja perenne

fireworks
los fuegos artificiales

changing color
el cambio de color

fog
la niebla

rain
la lluvia

umbrella
el paraguas

snow
la nieve

ice skates
los patines

waterproof
impermeable

wet
húmedo

candles
las velas

bonfire
la fogata

boots
las botas

leaves
las hojas

Hanukkah lights
la menorá de Janucá

Diwali lamp
la lámpara del Diwali

puddle
el charco

falling
que caen

fall
el otoño

winter
el invierno

8

bird
el pájaro

eggs
los huevos

nest
el nido

sky
el cielo

beach
la playa

fruit
la fruta

warm
templado

blossom
florecido

shade
la sombra

hot
caliente

harvest
la cosecha

calf
el ternero

lamb
el borrego

sheep
el cordero

butterfly
la mariposa

water
el agua

watering can
la regadera

cow
la vaca

bee
la abeja

tadpoles
los renacuajos

rabbit
el conejo

baby rabbit
el gazapo

sunscreen
el filtro solar

cooler
la nevera

sun hat
la gorra

flower
la flor

pollen
el polen

shoot
el brote

caterpillar
la oruga

spring
la primavera

frog
la rana

summer
el verano

9

Sound
El sonido

The world around us is bursting with different noises. Do you know what all of these sound like?

El mundo que nos rodea está lleno de sonidos distintos. ¿Sabes cómo suenan todas estas cosas?

beat
el pulso

strings
las cuerdas

tap
golpear

pluck
pulsar

shake
agitar

rattle
el sonajero

rhythm
el ritmo

instrument
el instrumento

music
la música

sound waves
las ondas sonoras

guitar
la guitarra

traffic
el tráfico

ear
el oído

whisper
susurrar

laugh
reír

talk
hablar

hearing aid
el audífono

silence
el silencio

hear
oír

ear bone
el hueso del oído

deaf
sordo

listen
escuchar

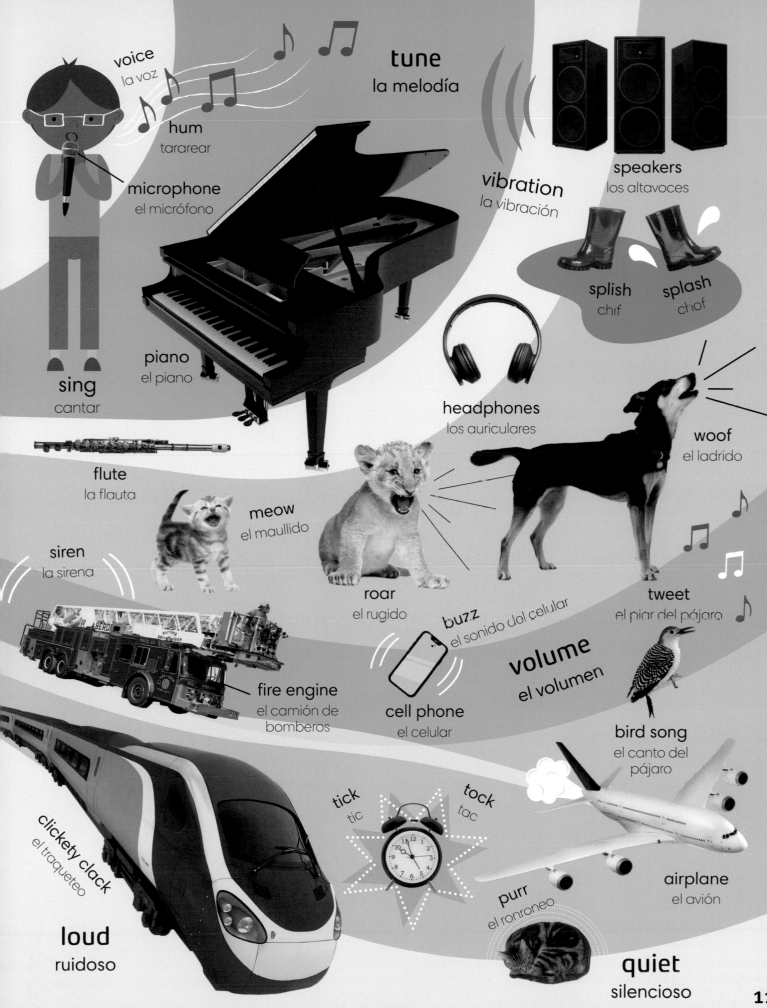

voice
la voz

hum
tararear

microphone
el micrófono

tune
la melodía

sing
cantar

piano
el piano

flute
la flauta

vibration
la vibración

speakers
los altavoces

splish
chif

splash
chof

headphones
los auriculares

woof
el ladrido

meow
el maullido

roar
el rugido

siren
la sirena

buzz
el sonido del celular

tweet
el piar del pájaro

volume
el volumen

fire engine
el camión de
bomberos

cell phone
el celular

bird song
el canto del
pájaro

clickety clack
el traqueteo

tick
tic

tock
tac

purr
el ronroneo

airplane
el avión

loud
ruidoso

quiet
silencioso

11

Machines
Las máquinas

We build machines to help us. They can be small and simple or big and complicated.

Construimos máquinas para que nos ayuden. Pueden ser pequeñas y sencillas o grandes y complejas.

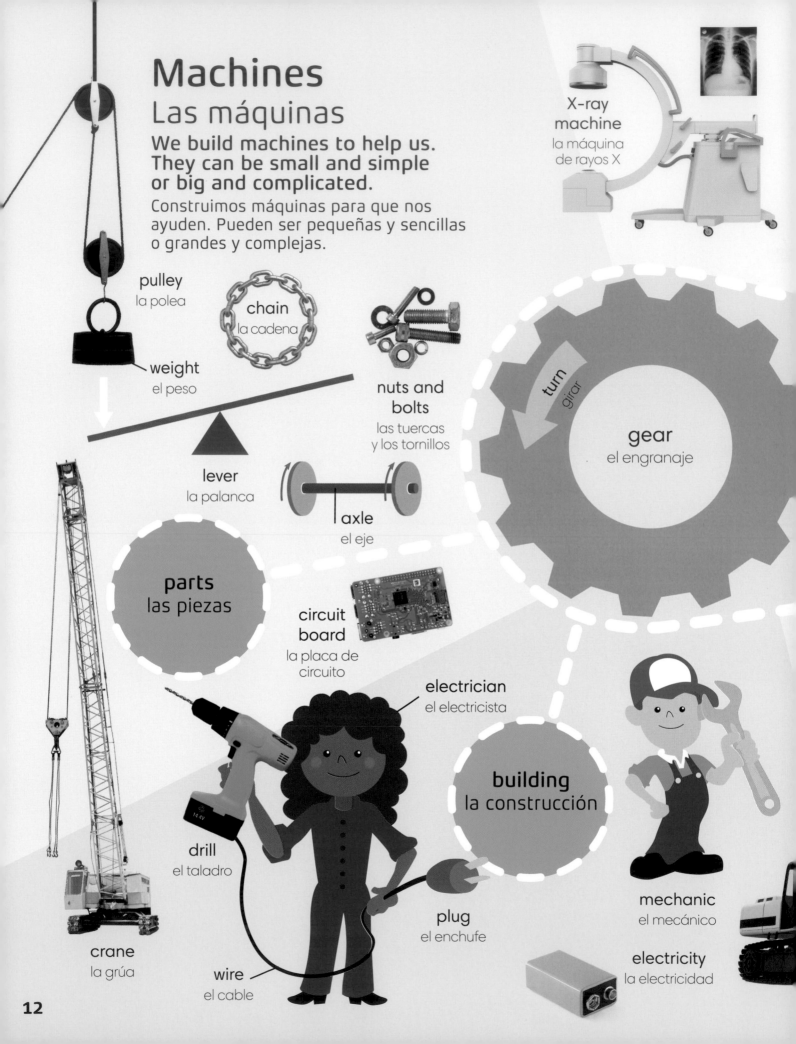

X-ray machine
la máquina de rayos X

pulley
la polea

chain
la cadena

weight
el peso

nuts and bolts
las tuercas y los tornillos

lever
la palanca

axle
el eje

turn
girar

gear
el engranaje

parts
las piezas

circuit board
la placa de circuito

electrician
el electricista

building
la construcción

drill
el taladro

plug
el enchufe

mechanic
el mecánico

electricity
la electricidad

crane
la grúa

wire
el cable

12

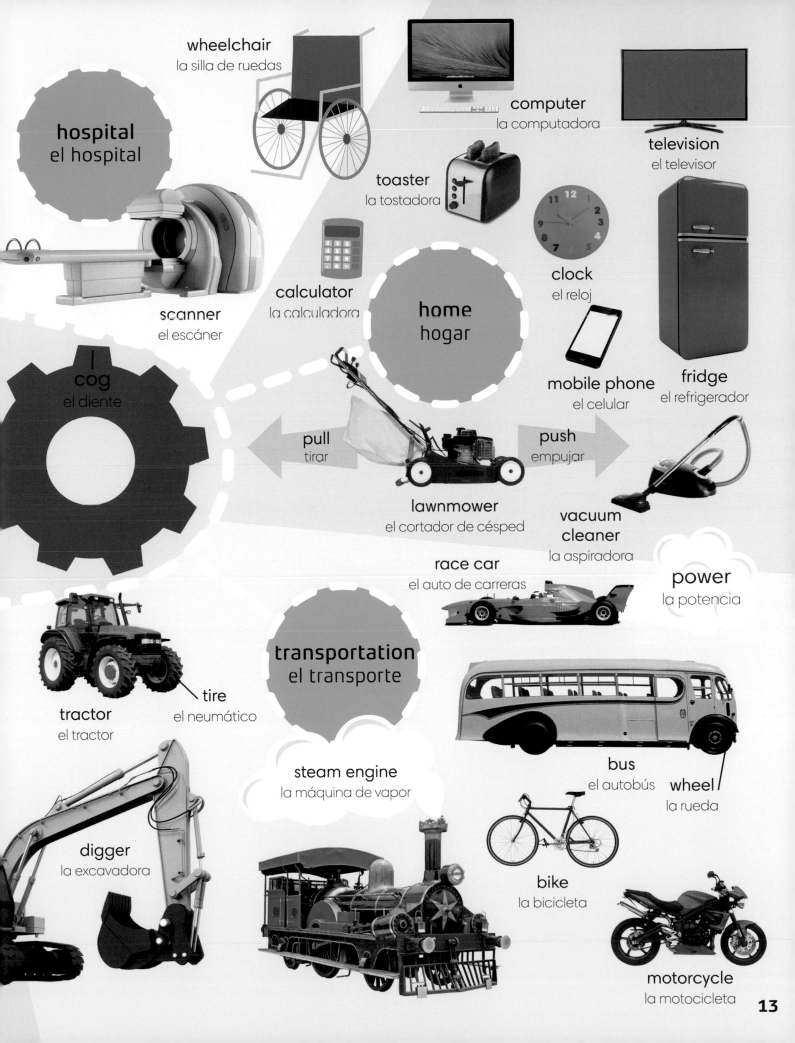

wheelchair
la silla de ruedas

computer
la computadora

television
el televisor

hospital
el hospital

toaster
la tostadora

clock
el reloj

calculator
la calculadora

home
hogar

scanner
el escáner

mobile phone
el celular

fridge
el refrigerador

cog
el diente

pull
tirar

push
empujar

lawnmower
el cortador de césped

vacuum cleaner
la aspiradora

race car
el auto de carreras

power
la potencia

tractor
el tractor

tire
el neumático

transportation
el transporte

bus
el autobús

wheel
la rueda

digger
la excavadora

steam engine
la máquina de vapor

bike
la bicicleta

motorcycle
la motocicleta

Space
El espacio
Have you ever looked at the night sky and wondered what's out there in space?
Al mirar el cielo por la noche, ¿te has preguntado alguna vez qué hay allí en el espacio?

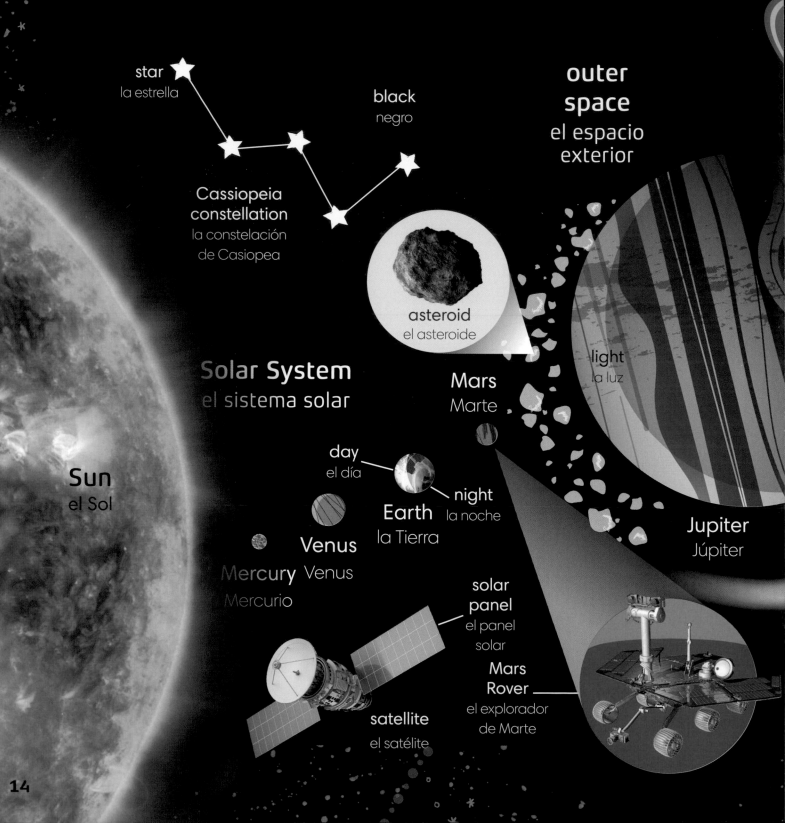

shooting star
la estrella fugaz

star
la estrella

black
negro

outer
space
el espacio
exterior

Cassiopeia
constellation
la constelación
de Casiopea

asteroid
el asteroide

Solar System
el sistema solar

light
la luz

Mars
Marte

day
el día

night
la noche

Earth
la Tierra

Sun
el Sol

Venus
Venus

Jupiter
Júpiter

Mercury
Mercurio

solar
panel
el panel
solar

Mars
Rover
el explorador
de Marte

satellite
el satélite

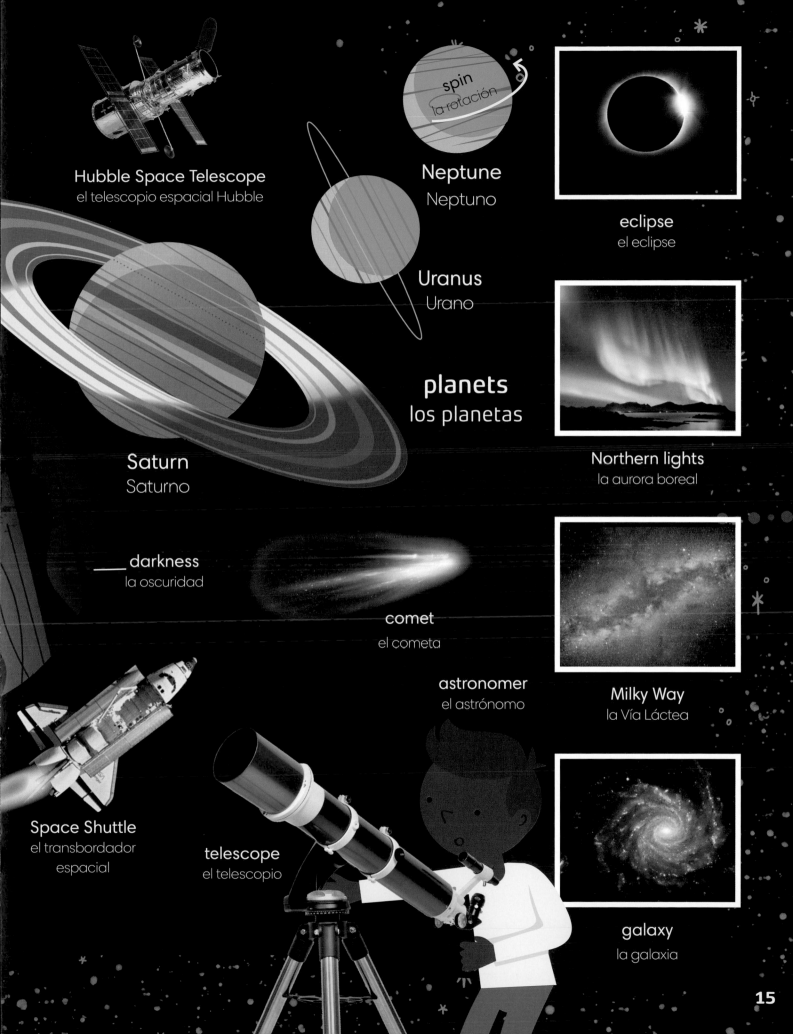

Hubble Space Telescope
el telescopio espacial Hubble

spin
la rotación

Neptune
Neptuno

Uranus
Urano

planets
los planetas

Saturn
Saturno

eclipse
el eclipse

Northern lights
la aurora boreal

darkness
la oscuridad

comet
el cometa

astronomer
el astrónomo

Milky Way
la Vía Láctea

Space Shuttle
el transbordador
espacial

telescope
el telescopio

galaxy
la galaxia

Moon landing
El alunizaje

What do you think it would be like to be an astronaut like Neil and Buzz, the first people to walk on the Moon?

¿Cómo piensas que sería ser un astronauta como Neil Armstrong y Buzz Aldrin, los primeros que pisaron la Luna?

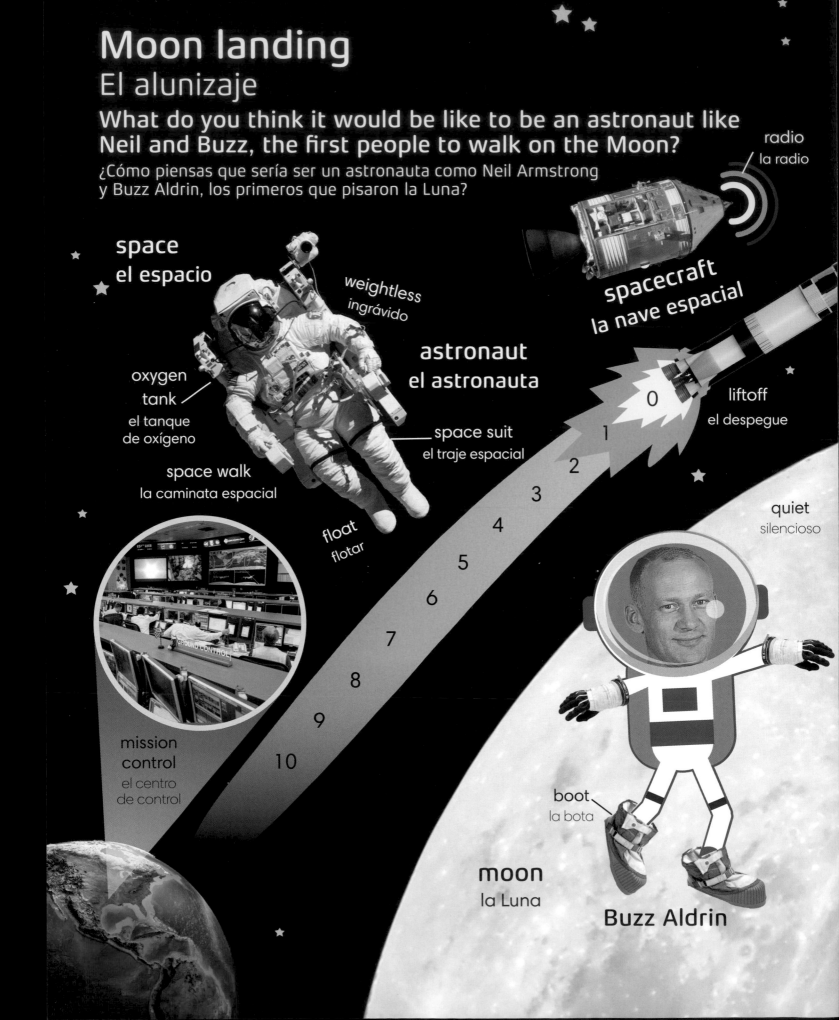

radio
la radio

space
el espacio

weightless
ingrávido

spacecraft
la nave espacial

oxygen tank
el tanque de oxígeno

astronaut
el astronauta

0

liftoff
el despegue

1

space suit
el traje espacial

2

space walk
la caminata espacial

3

4

float
flotar

5

quiet
silencioso

6

7

8

9

mission control
el centro de control

10

boot
la bota

moon
la Luna

Buzz Aldrin

rocket
el cohete zoom
fiuuu

porthole
la mirilla

control desk
el panel de control

airlock
la compuerta

Apollo 11
el Apolo 11

silence
silencioso

helmet
el casco

lunar
module
el módulo
lunar

visor
el visor

landing site
el lugar de
alunizaje

Moon rock
la roca lunar

«Un pequeño
paso para el hombre,
un gran salto para la
humanidad.»

glove
el guante

waning moon
(Northern Hemisphere)
la luna menguante
(hemisferio norte)

crater
el cráter

Neil Armstrong

crescent moon
(Southern Hemisphere)
la luna creciente
(hemisferio sur)

Transportation
El transporte

There are lots of ways to travel. How many of these types of transportation have you used?

Hay muchas formas de viajar. ¿Cuántos de estos medios de transporte has utilizado alguna vez?

beep
bip

horn
el claxon

funicular railway
el funicular

4x4 jeep
el jeep 4x4

pick-up truck
el pickup

bus
el autobús

signal
el intermitente

convertible
el descapotable

monster truck
el monster truck

ATV
el quad

semi-truck
el semirremolque

gas station
la gasolinera

charger
el cargador

electric car
el auto eléctrico

taxi
el taxi

road
la carretera

steam engine
la máquina de vapor

engine
la locomotora

bullet train
el tren bala

tram
el tranvía

tracks
las vías

subway train
el vagón de metro

subway
el metro

18

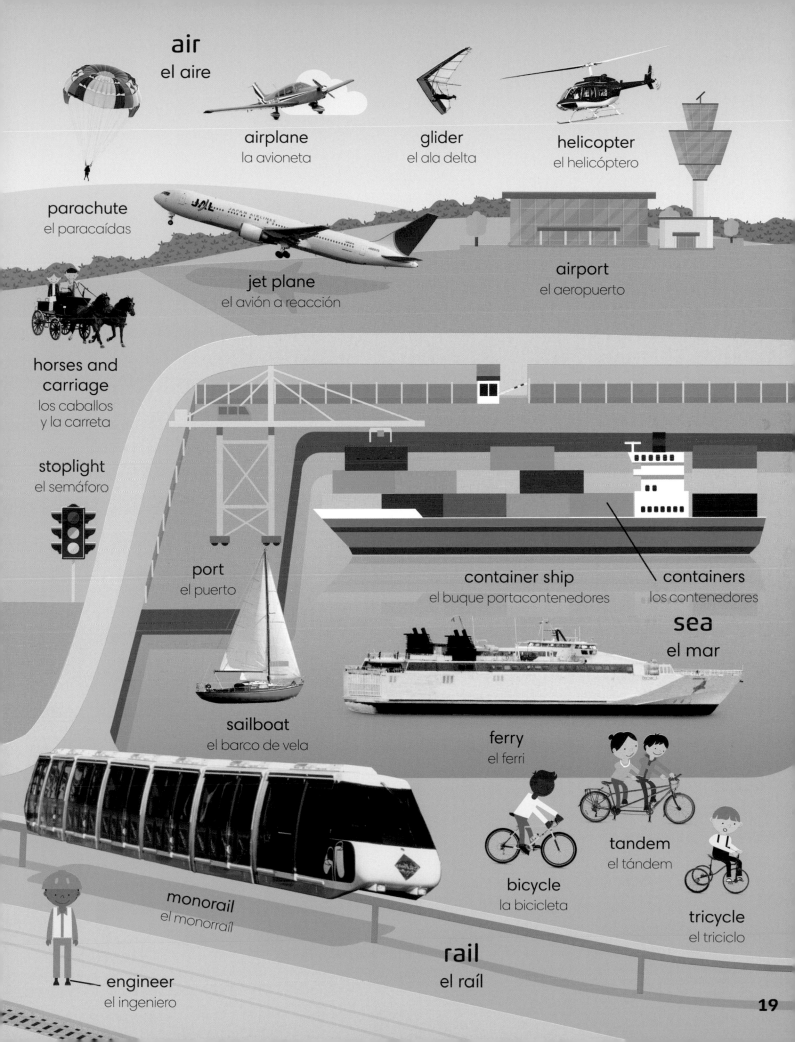

air
el aire

airplane
la avioneta

glider
el ala delta

helicopter
el helicóptero

parachute
el paracaídas

jet plane
el avión a reacción

airport
el aeropuerto

horses and carriage
los caballos y la carreta

stoplight
el semáforo

port
el puerto

container ship
el buque portacontenedores

containers
los contenedores

sea
el mar

sailboat
el barco de vela

ferry
el ferri

bicycle
la bicicleta

tandem
el tándem

tricycle
el triciclo

monorail
el monorraíl

rail
el raíl

engineer
el ingeniero

19

Vehicles
Los vehículos

Many machines are designed to move people and things around. We call them vehicles.

Muchas máquinas están pensadas para llevar a personas o cosas de un lugar a otro. Las llamamos vehículos.

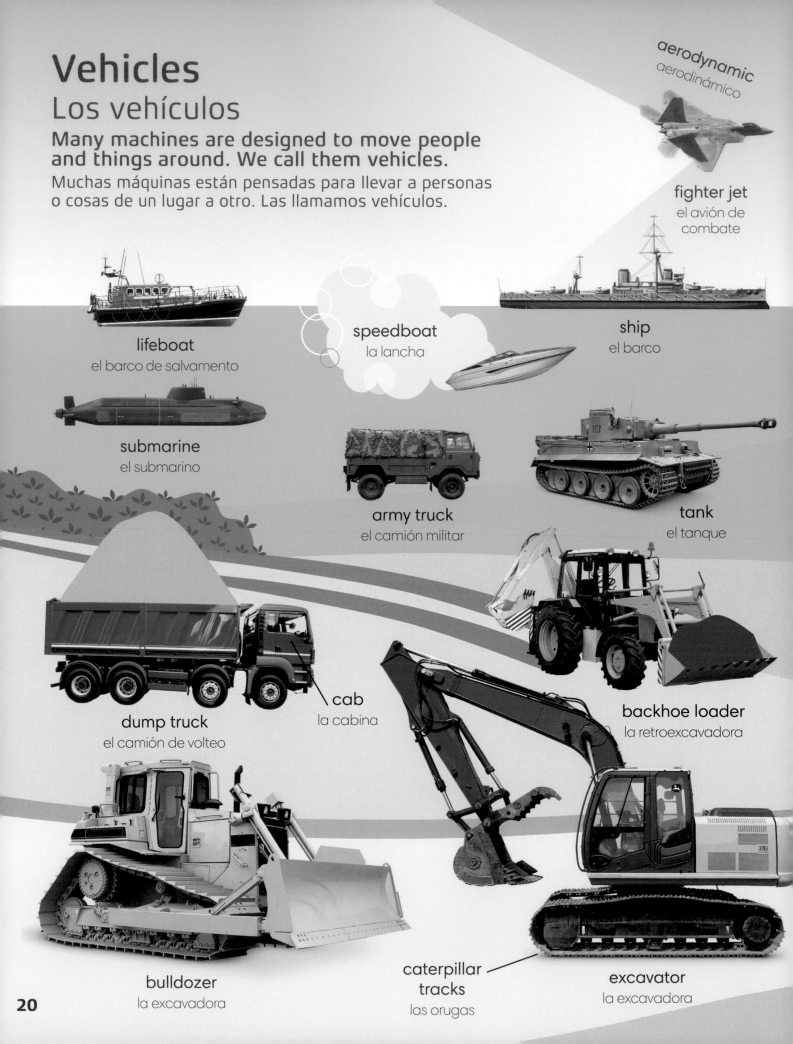

aerodynamic
aerodinámico

fighter jet
el avión de combate

lifeboat
el barco de salvamento

speedboat
la lancha

ship
el barco

submarine
el submarino

army truck
el camión militar

tank
el tanque

dump truck
el camión de volteo

cab
la cabina

backhoe loader
la retroexcavadora

bulldozer
la excavadora

caterpillar tracks
las orugas

excavator
la excavadora

drone
el dron

horse trailer
el remolque para
caballos

combine
harvester
la cosechadora

baler
la empacadora

tractor
el tractor

flag
la bandera

tire
el neumático

spoiler
el alerón

pit stop
la parada en boxes

streamlined
estilizado

race car
el auto de carreras

grip
el agarre

motorcycle
la motocicleta

siren
la sirena

wheel
la rueda

ramp
la rampa

police car
el auto de policía

ambulance
la ambulancia

garage
el garaje

fire engine
el camión de bomberos

crane
la grúa

jack
el elevador

car lift
el ascensor

mechanic
la mecánica

Weather
El clima

What is the weather like today? It can change from season to season or from day to day. In some places, it can even change several times in one day!

¿Qué tiempo hace hoy? El clima cambia de una estación a otra o de un día a otro. ¡En algunos lugares cambia incluso varias veces en el mismo día!

rainbow
el arcoíris

blue sky
el cielo azul

Sun
el Sol

bright
brillante

light
la luz

hot
caliente

humid
húmedo

wind
el viento

pinwheel
el rehilete

sweaty
sudorosa

frozen
helado

wind turbine
el molino de viento

tornado
el tornado

dry
seco

thunder
el trueno

cloud
la nube

storm cloud
la nube de tormenta

hail
el granizo

storm
la tormenta

rain
la lluvia

raindrops
las gotas de lluvia

lightning
el relámpago

colors
os colores

showers
los aguaceros

mist
la neblina

drizzle
la llovizna

snow
la nieve

cold
frío

wet
mojado

damp
húmedo

snowstorm
la tormenta de nieve

ice crystal
el cristal de hielo

chilly
gélido

forecast
el pronóstico

23

At the doctor's office
En la consulta del médico

The doctor can figure out what is wrong with us and help us get better when we are sick.

Los médicos saben qué es lo que nos pasa y nos ayudan a recuperarnos cuando estamos enfermos.

doctor's office
la consulta del médico

bite
el mordisco

sting
la picadura

doctor
la doctora

X-ray
los rayos X

recovery position
la posición de recuperación

hand washing
el lavado de manos

medicine
la medicina

tablets
las píldoras

antibiotics
los antibióticos

patient
la paciente

taking your temperature
tomar la temperatura

thermometer
el termómetro

sling
el cabestrillo

cast
el yeso

syringe
la jeringa

hand gel
el gel de manos

cream
la crema

broken leg
la pierna rota

crutches
las muletas

wheelchair
la silla de ruedas

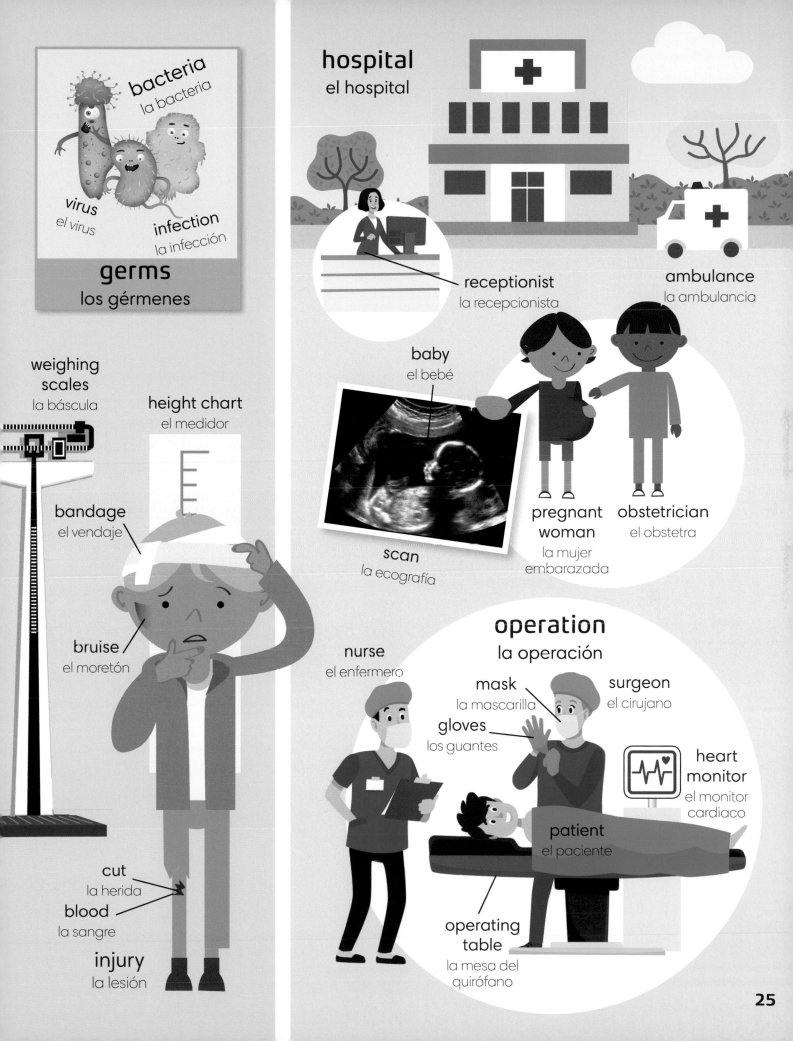

bacteria
la bacteria

virus
el virus

infection
la infección

germs
los gérmenes

hospital
el hospital

receptionist
la recepcionista

ambulance
la ambulancia

baby
el bebé

scan
la ecografía

pregnant woman
la mujer embarazada

obstetrician
el obstetra

weighing scales
la báscula

height chart
el medidor

bandage
el vendaje

bruise
el moretón

cut
la herida

blood
la sangre

injury
la lesión

nurse
el enfermero

operation
la operación

mask
la mascarilla

surgeon
el cirujano

gloves
los guantes

heart monitor
el monitor cardiaco

patient
el paciente

operating table
la mesa del quirófano

25

Human body
El cuerpo humano

Your body is amazing! It has so many parts, and it can do so many wonderful things!

¡Tu cuerpo es increíble! ¡Tiene tantas partes y puede hacer cosas tan fantásticas!

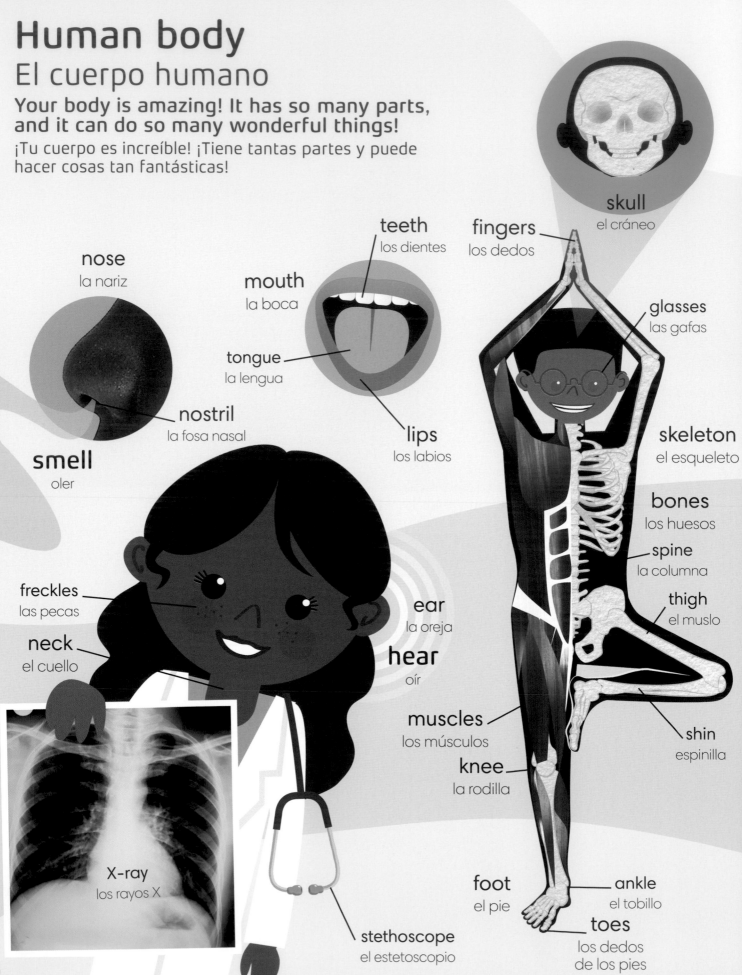

skull
el cráneo

teeth
los dientes

fingers
los dedos

mouth
la boca

glasses
las gafas

nose
la nariz

tongue
la lengua

nostril
la fosa nasal

lips
los labios

skeleton
el esqueleto

smell
oler

bones
los huesos

spine
la columna

freckles
las pecas

ear
la oreja

thigh
el muslo

neck
el cuello

hear
oír

muscles
los músculos

shin
espinilla

knee
la rodilla

X-ray
los rayos X

foot
el pie

ankle
el tobillo

toes
los dedos
de los pies

stethoscope
el estetoscopio

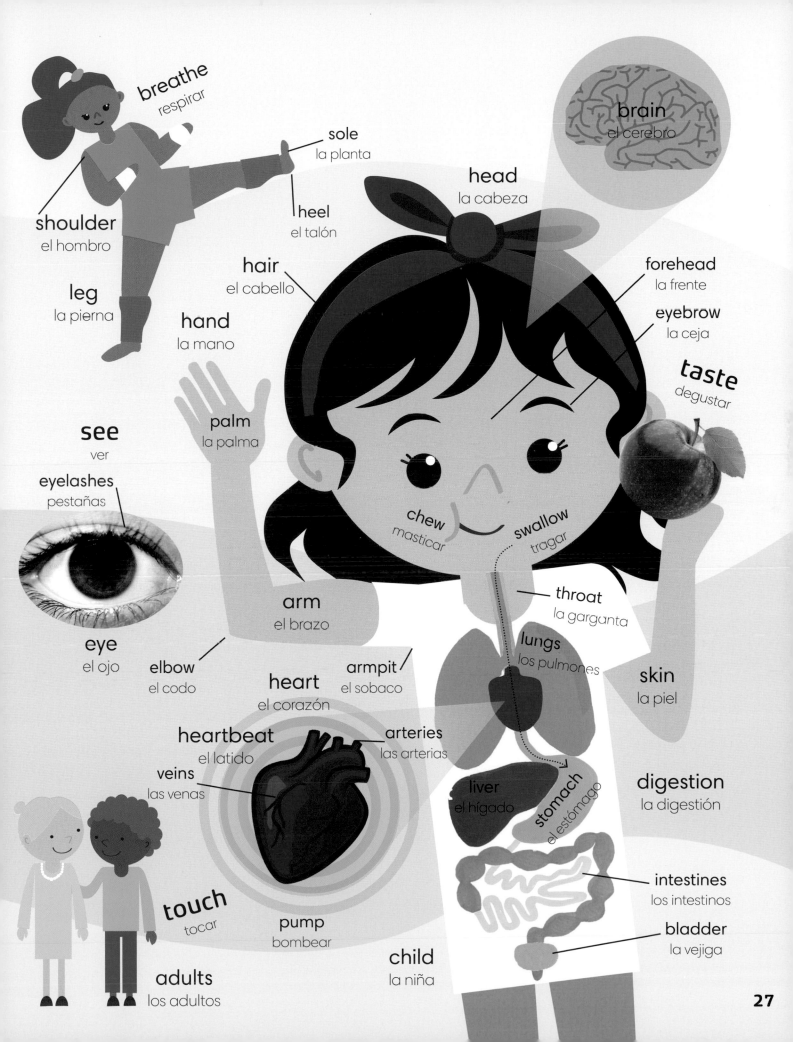

breathe
respirar

sole
la planta

heel
el talón

head
la cabeza

brain
el cerebro

shoulder
el hombro

leg
la pierna

hair
el cabello

hand
la mano

forehead
la frente

eyebrow
la ceja

taste
degustar

see
ver

palm
la palma

eyelashes
pestañas

chew
masticar

swallow
tragar

throat
la garganta

eye
el ojo

elbow
el codo

arm
el brazo

armpit
el sobaco

heart
el corazón

lungs
los pulmones

skin
la piel

heartbeat
el latido

arteries
las arterias

veins
las venas

liver
el hígado

stomach
el estómago

digestion
la digestión

touch
tocar

pump
bombear

child
la niña

intestines
los intestinos

bladder
la vejiga

adults
los adultos

27

Materials
Los materiales

The world is made of many different materials. Some are rare, and some you might see every single day!

El mundo está hecho de materiales diversos. Algunos de ellos son raros; otros, en cambio, puedes verlos todos los días.

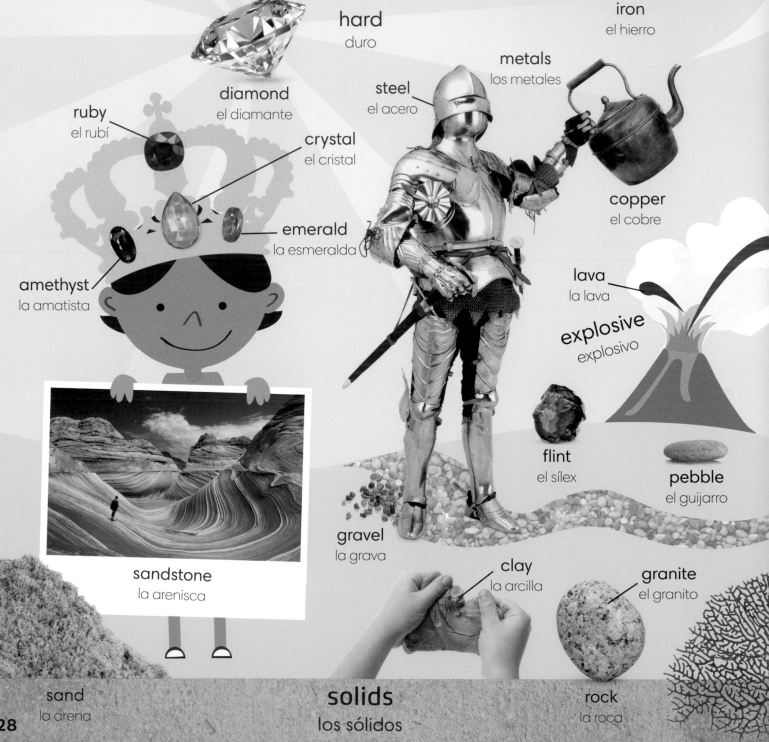

iron
el hierro

hard
duro

metals
los metales

steel
el acero

diamond
el diamante

crystal
el cristal

ruby
el rubí

copper
el cobre

emerald
la esmeralda

amethyst
la amatista

lava
la lava

explosive
explosivo

flint
el sílex

pebble
el guijarro

gravel
la grava

sandstone
la arenisca

clay
la arcilla

granite
el granito

sand
la arena

solids
los sólidos

rock
la roca

ice crystal
el cristal de hielo

icicle
el témpano

freeze
congelar

melt
derretir

paper
el papel

salt crystal
los cristales de sal

sugar crystal
el cristal de azúcar

elastic
elástico

rubber band
la goma elástica

plastic
el plástico

man-made
sintético

cotton
el algodón

recyclable
reciclable

biodegradable
biodegradable

wool
la lana

natural
natural

wood
la madera

brittle
frágil

shell
la valva

pearl
la perla

glass
el vidrio

sponge
la esponja

absorbent
absorbente

coral
el coral

oxygen
el oxígeno

hydrogen
el hidrógeno

poisonous
tóxico

nitrogen
el nitrógeno

carbon dioxide
el dióxido de carbono

air
el aire

gases
los gases

rain
la lluvia

water
el agua

acid
el ácido

dishwashing liquid
el jabón lavavajillas

liquids
los líquidos

29

Underground
Bajo tierra

You can't always see it, but there is a whole world in the ground underneath your feet!

No siempre puedes verlo, pero bajo tus pies ¡hay todo un mundo lleno de vida!

ants
las hormigas

anthill
el hormiguero

microorganism
el microorganismo

bulbs
los bulbos

roots
las raíces

insect
el insecto

seeds
las semillas

soil
el suelo

worm
la lombriz

clay
la arcilla

badger
el tejón

den
el cubil

gerbil
el jerbo

mole
el topo

jewelry
la joyas

fox
el zorro

hamster
el hámster

sett
la tejonera

coins
las monedas

warren
la madriguera

rabbit
el conejo

tin
el estaño

treasure
el tesoro

pot
la vasija

gold
el oro

ruins
las ruinas

diamond
el diamante

coal
el carbón

fossil dinosaur skull
el cráneo fósil de dinosaurio

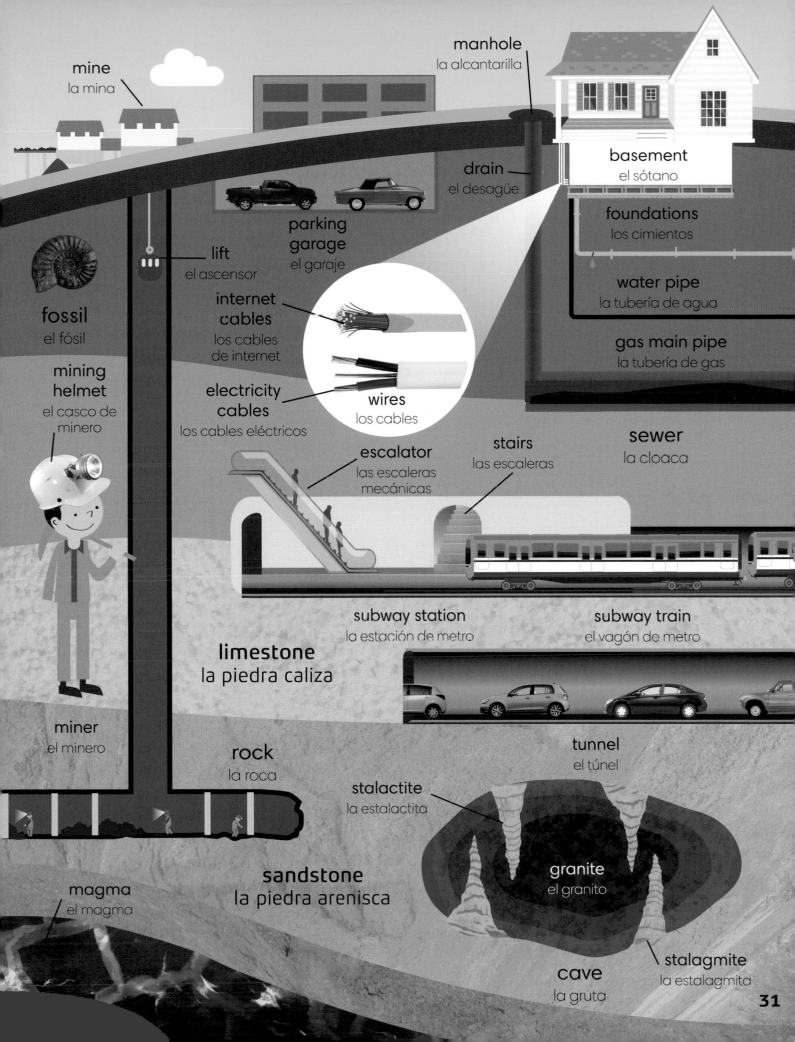

mine
la mina

manhole
la alcantarilla

drain
el desagüe

basement
el sótano

foundations
los cimientos

water pipe
la tubería de agua

gas main pipe
la tubería de gas

parking
garage
el garaje

lift
el ascensor

internet
cables
los cables
de internet

electricity
cables
los cables eléctricos

wires
los cables

fossil
el fósil

mining
helmet
el casco de
minero

escalator
las escaleras
mecánicas

stairs
las escaleras

sewer
la cloaca

subway station
la estación de metro

subway train
el vagón de metro

limestone
la piedra caliza

miner
el minero

rock
la roca

tunnel
el túnel

stalactite
la estalactita

sandstone
la piedra arenisca

granite
el granito

magma
el magma

cave
la gruta

stalagmite
la estalagmita

31

Comparisons
Las comparaciones

You might be tall. You might be short. You might be early or late, or hot or cold. These kinds of words help us describe and compare things.

Se puede ser alto. Se puede ser bajo. Se puede llegar pronto o tarde. Tener calor o frío. Estas palabras nos ayudan a describir y comparar cosas.

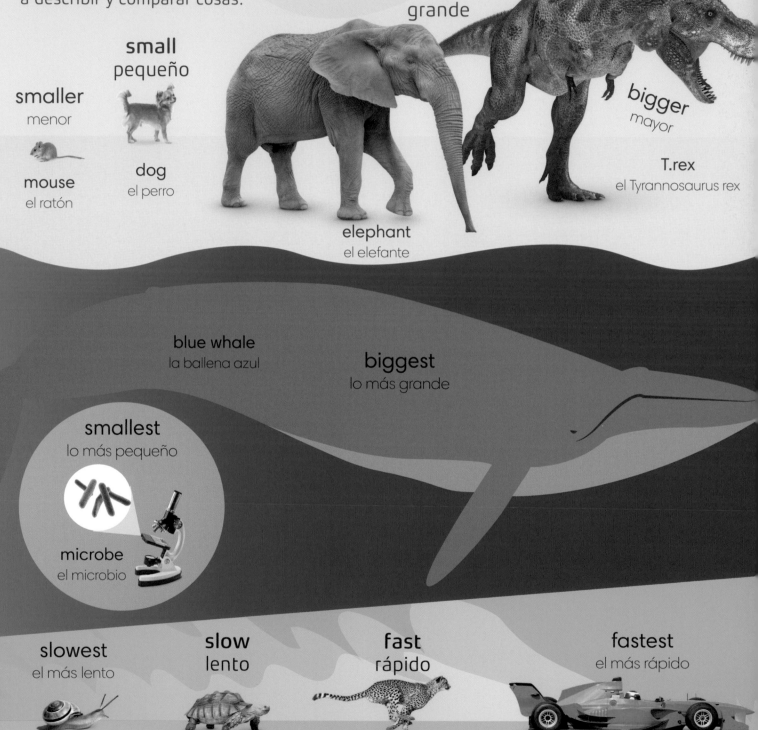

big
grande

small
pequeño

smaller
menor

bigger
mayor

mouse
el ratón

dog
el perro

T.rex
el Tyrannosaurus rex

elephant
el elefante

blue whale
la ballena azul

biggest
lo más grande

smallest
lo más pequeño

microbe
el microbio

slowest
el más lento

slow
lento

fast
rápido

fastest
el más rápido

snail
el caracol

tortoise
la tortuga

cheetah
el guepardo

race car
el auto de carreras

darker
más oscuro

dark
oscuro

bright
brillante

brighter
más brillante

Moon
la Luna

Sun
el Sol

equal
igual

balance
el equilibrio

light
ligero

shallow
poco profundo

deep
profundo

bath
la bañera

swimming pool
la alberca

deeper
más profundo

feather
la pluma

heavy
pesado

rock
la roca

unequal
desigual

ocean
el océano

quieter
más silencioso

buzz
el zumbido

quiet
silencioso

purr
el ronroneo

loud
ruidoso

louder
más ruidoso

loudest
lo más ruidoso

toot
el toque de trompeta

mosquito
el mosquito

cat
el gato

crying baby
el bebé que llora

trumpet
la trompeta

siren
la sirena

temperature
la temperatura

coldest
lo más frío

colder
más frío

cold
frío

hot
caliente

hotter
más caliente

hottest
lo más caliente

33

Junk
La basura

What happens to all the things we throw away?
How many of these things can be reused or recycled?

¿Qué pasa con las cosas que tiramos? ¿Cuántas de ellas se
pueden reutilizar o reciclar?

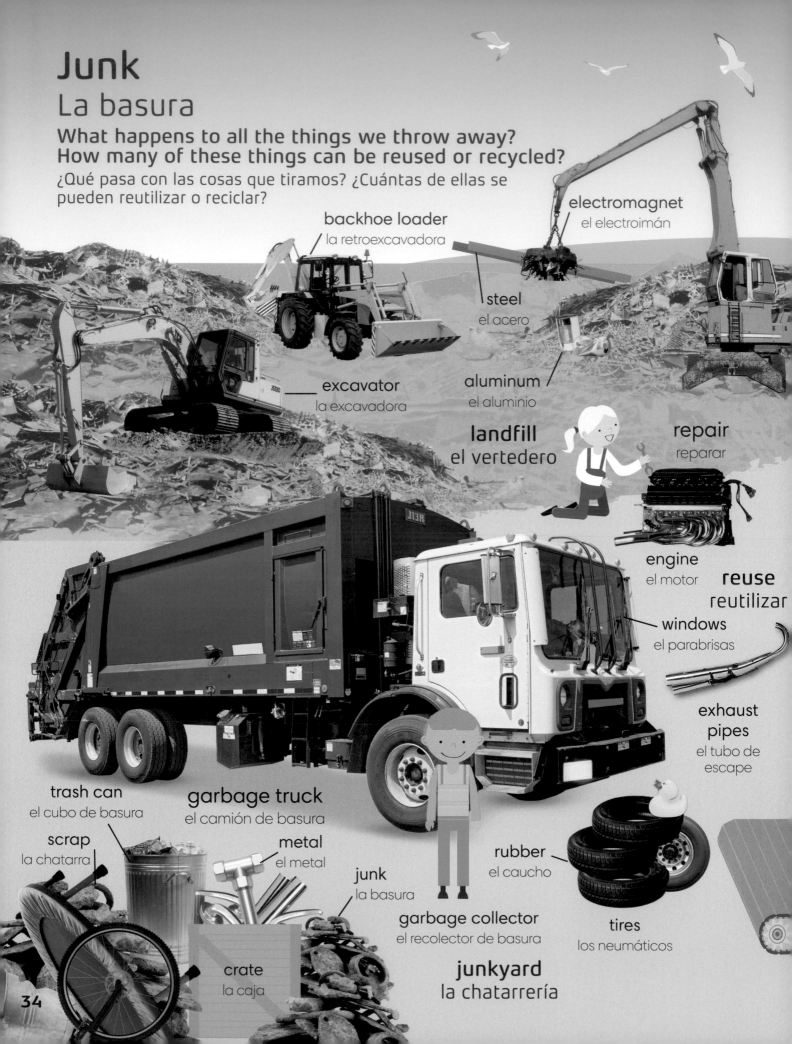

backhoe loader
la retroexcavadora

electromagnet
el electroimán

steel
el acero

excavator
la excavadora

aluminum
el aluminio

landfill
el vertedero

repair
reparar

engine
el motor

reuse
reutilizar

windows
el parabrisas

exhaust
pipes
el tubo de
escape

trash can
el cubo de basura

garbage truck
el camión de basura

scrap
la chatarra

metal
el metal

junk
la basura

rubber
el caucho

garbage collector
el recolector de basura

tires
los neumáticos

crate
la caja

junkyard
la chatarrería

34

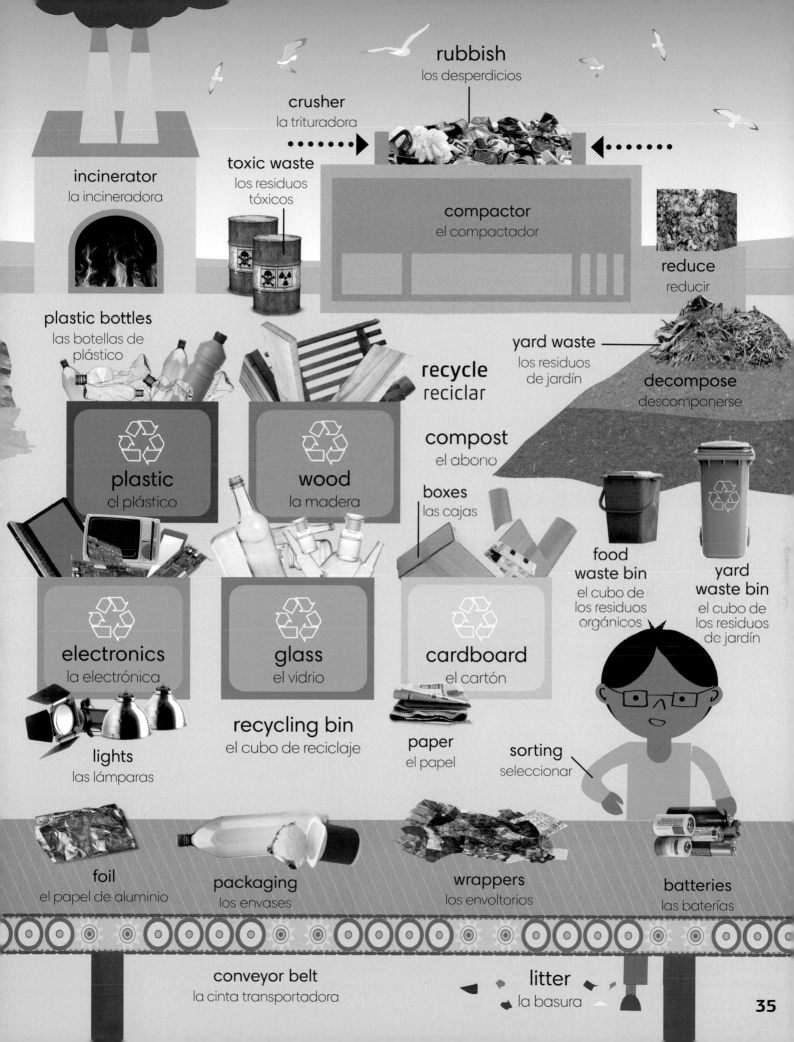

rubbish
los desperdicios

crusher
la trituradora

incinerator
la incineradora

toxic waste
los residuos
tóxicos

compactor
el compactador

reduce
reducir

plastic bottles
las botellas de
plástico

recycle
reciclar

yard waste
los residuos
de jardín

decompose
descomponerse

compost
el abono

plastic
el plástico

wood
la madera

boxes
las cajas

food
waste bin
el cubo de
los residuos
orgánicos

yard
waste bin
el cubo de
los residuos
de jardín

electronics
la electrónica

glass
el vidrio

cardboard
el cartón

recycling bin
el cubo de reciclaje

lights
las lámparas

paper
el papel

sorting
seleccionar

foil
el papel de aluminio

packaging
los envases

wrappers
los envoltorios

batteries
las baterías

conveyor belt
la cinta transportadora

litter
la basura

35

Measuring
Las medidas

If you are doing an experiment or making something, you often need to measure things. And there are many ways to measure things!

Si vas a hacer un experimento o fabricar algo, tendrás que medir cosas. ¡Hay muchas maneras de hacerlo!

millimeter
el milímetro

centimeter
el centímetro

1   2

height
la altura

distance
la distancia

short
baja

tall
alta

measuring tape
la cinta métrica

length
la longitud

100 cm = 1 meter
100 cm = 1 metro

slow
lento

miles
las millas

kilometers
los kilómetros

day
el día

speedometer
el velocímetro

night
la noche

hour hand
la manecilla de la hora

minute hand
el minutero

second hand
el segundero

stopwatch
el cronómetro

clock
el reloj

timer
la cronometradora

calendar
el calendario

year
el año

Big Ben
el Big Ben

month
el mes

fast
rápido

speed
la velocidad

time
el tiempo

99 cents
99 centavos

$2.00
2,00 $

notes
los billetes

coins
las monedas

money
el dinero

shopping
de compras

light
ligero

heavy
pesado

weight
el peso

balance
el equilibrio

gram
el gramo

weighing scales
la balanza

kilogram
el kilogramo

apples
las manzanas

weight
el peso

hot
caliente

cold
frío

thermometer
el termómetro

350⁰

degrees
los grados

temperature
la temperatura

fill
llenar

liter
el litro

half empty
medio vacío

half full
medio lleno

milliliters
los mililitros

full
lleno

container
el contenedor

volume
el volumen

Up high
En las alturas

Look up! There are lots of things going on up there. What can you see above you?

¡Mira hacia arriba! Allí pasan un montón de cosas. ¿Qué ves sobre tu cabeza?

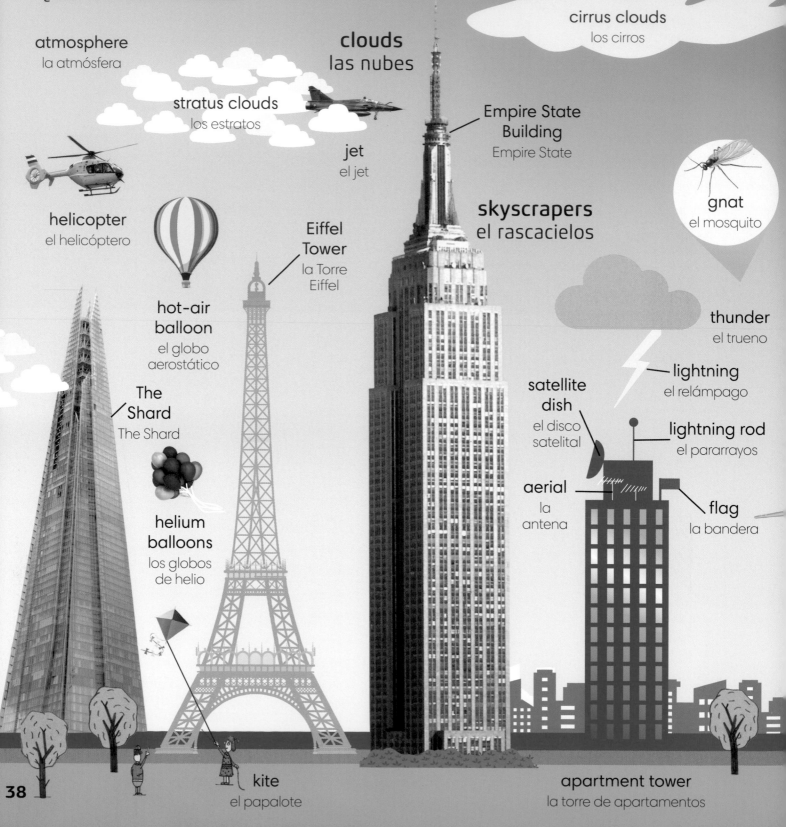

ozone layer
la capa de ozono

cirrus clouds
los cirros

atmosphere
la atmósfera

clouds
las nubes

stratus clouds
los estratos

jet
el jet

Empire State Building
Empire State

gnat
el mosquito

helicopter
el helicóptero

hot-air balloon
el globo aerostático

Eiffel Tower
la Torre Eiffel

skyscrapers
el rascacielos

thunder
el trueno

The Shard
The Shard

helium balloons
los globos de helio

lightning
el relámpago

satellite dish
el disco satelital

lightning rod
el pararrayos

aerial
la antena

flag
la bandera

kite
el papalote

apartment tower
la torre de apartamentos

satellite
el satélite

star
la estrella

meteor
el meteoro

planet
el planeta

moon
la Luna

Sun
el Sol

jet stream
la corriente en chorro

biplane
el biplano

airplane
el avión

travel
viajar

hang glider
el ala delta

cumulus
clouds
los cúmulos

skydiver
el paracaidista

glide
planear

snowflakes
los copos de nieve

parachute
el paracaídas

Chinook
el helicóptero
de transporte

pollen
el polen

vapor trail
la estela de vapor

rain
la lluvia

flying
volar

seagull
la gaviota

red kite
el milano

butterfly
la mariposa

birds
las aves

swallow
la golondrina

mountain
la montaña

Everest
el Everest

pigeon
la paloma

control
tower
la torre de
control

mist
la niebla

wind turbine
la turbina eólica

windsock
la manga de viento

cell tower
la torre de telefonía

jet pack
la mochila
propulsora

39

Long ago
Tiempo atrás

65 million years ago, dinosaurs were alive. 2.6 million years ago, large areas of the Earth were covered in ice. The Earth looks very different today.

Hace 65 millones de años vivían los dinosaurios. Hace 2,6 millones de años, gran parte de la Tierra estaba cubierta por hielo. Nuestro planeta tiene hoy un aspecto muy distinto.

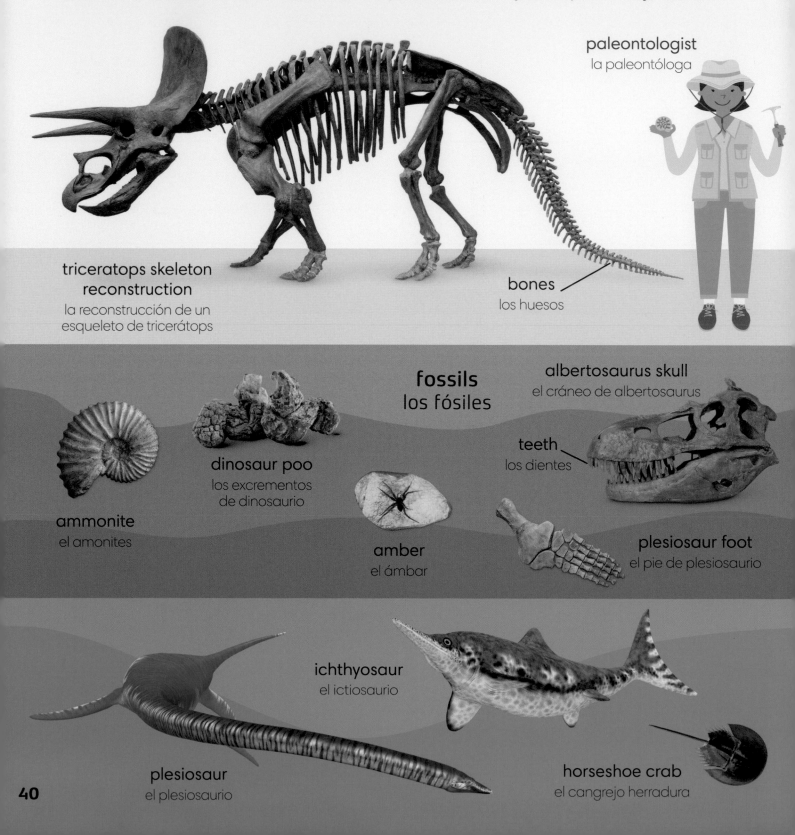

paleontologist
la paleontóloga

triceratops skeleton reconstruction
la reconstrucción de un esqueleto de tricerátops

bones
los huesos

fossils
los fósiles

albertosaurus skull
el cráneo de albertosaurus

dinosaur poo
los excrementos de dinosaurio

teeth
los dientes

ammonite
el amonites

amber
el ámbar

plesiosaur foot
el pie de plesiosaurio

ichthyosaur
el ictiosaurio

plesiosaur
el plesiosaurio

horseshoe crab
el cangrejo herradura

meteor strike
la lluvia de meteoritos

microraptor
el microraptor

volcano
el volcán

pine trees
los pinos

diplodocus
el diplodoco

dinosaurs
los dinosaurios

tyrannosaurus
el tiranosaurio

triceratops
el tricerátops

horsetail
la cola de caballo

dinosaur eggs
los huevos de dinosaurio

stegosaurus
el estegosaurio

ice age
la edad de hielo

saber-toothed tiger
el tigre dientes de sable

mammoth
el mamut

giant ground sloth
el megaterio

41

Plants
Las plantas

Plants are really important. They make their food from the carbon dioxide we breathe out, and they release oxygen back into the air for us to breathe in.

Las plantas son muy importantes. Se alimentan a partir del dióxido de carbono que emitimos y liberan en el aire el oxígeno que necesitamos para respirar.

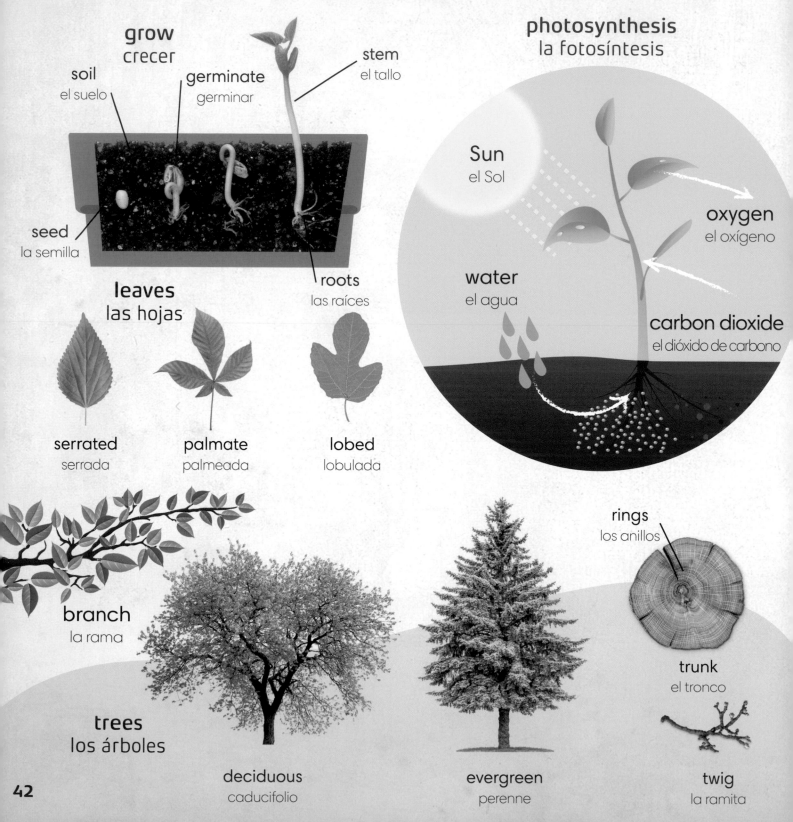

grow
crecer

soil
el suelo

germinate
germinar

stem
el tallo

seed
la semilla

roots
las raíces

photosynthesis
la fotosíntesis

Sun
el Sol

oxygen
el oxígeno

water
el agua

carbon dioxide
el dióxido de carbono

leaves
las hojas

serrated
serrada

palmate
palmeada

lobed
lobulada

rings
los anillos

branch
la rama

trunk
el tronco

trees
los árboles

deciduous
caducifolio

evergreen
perenne

twig
la ramita

flowers
las flores

stigma
el estigma

stamen
el estambre

bee
la abeja

pollinator
el polinizador

pollen
el polen

ovary
el ovario

butterfly
la mariposa

bud
la yema

blossom
florecer

petal
el pétalo

plants
las plantas

green
verde

pine cone
la piña

pod
la vaina

soybeans
la soya

moss
el musgo

climbing plant
la enredadera

cactus
el cactus

fruits
los frutos

pit
el hueso

nuts
los frutos secos

apple
la manzana

avocado
el aguacate

mango
el mango

cherries
las cerezas

vegetables
las verduras

radish
el rábano

onion
la cebolla

asparagus
el espárrago

sweet potato
el camote

bulb
el bulbo

rhizome
el rizoma

root vegetable
la raíz vegetal

tuber
el tubérculo

Playground forces
Las fuerzas del parque

It's fun to play at the park, but did you know that parks are full of science? You are using forces all the time when you play!

Jugar en el parque es muy divertido. ¿Sabías que el parque está lleno de ciencia? ¡Al jugar utilizas un montón de fuerzas!

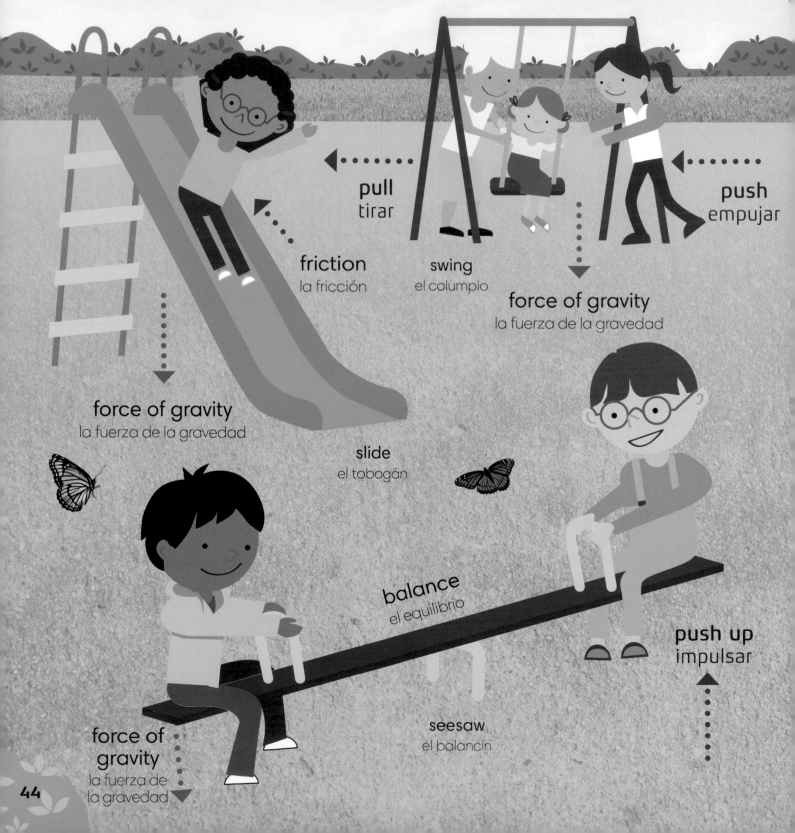

pull
tirar

push
empujar

friction
la fricción

swing
el columpio

force of gravity
la fuerza de la gravedad

force of gravity
la fuerza de la gravedad

slide
el tobogán

balance
el equilibrio

push up
impulsar

force of gravity
la fuerza de la gravedad

seesaw
él balancín

pull up
subir

**force of
gravity**
la fuerza de
la gravedad

**force of
gravity**
la fuerza de
la gravedad

**spring
pushing up**
el resorte que
empuja hacia
arriba

jungle gym
las barras

push
empujar

centripetal force
la fuerza centrípeta

bouncer
el saltador

merry-go-round
el carrusel

45

Laboratory
El laboratorio

Some scientists work in a laboratory.
Different scientists use different equipment.
What kind of scientist would you like to be?

Algunos científicos trabajan en un laboratorio.
Cada uno utiliza instrumentos distintos.
¿Qué tipo de científico te gustaría ser?

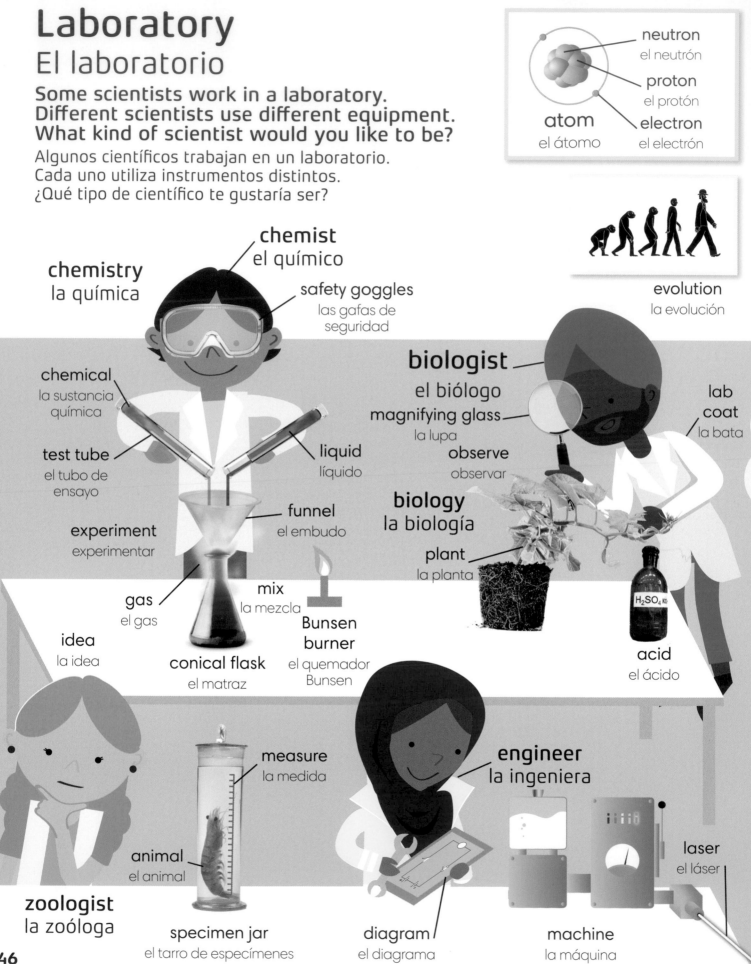

neutron
el neutrón

proton
el protón

electron
el electrón

atom
el átomo

evolution
la evolución

chemistry
la química

chemist
el químico

safety goggles
las gafas de
seguridad

chemical
la sustancia
química

test tube
el tubo de
ensayo

liquid
líquido

funnel
el embudo

experiment
experimentar

biologist
el biólogo

magnifying glass
la lupa

observe
observar

biology
la biología

plant
la planta

lab
coat
la bata

gas
el gas

mix
la mezcla

idea
la idea

conical flask
el matraz

Bunsen
burner
el quemador
Bunsen

H₂SO₄ KO

acid
el ácido

measure
la medida

engineer
la ingeniera

animal
el animal

zoologist
la zoóloga

specimen jar
el tarro de especímenes

diagram
el diagrama

machine
la máquina

laser
el láser

46

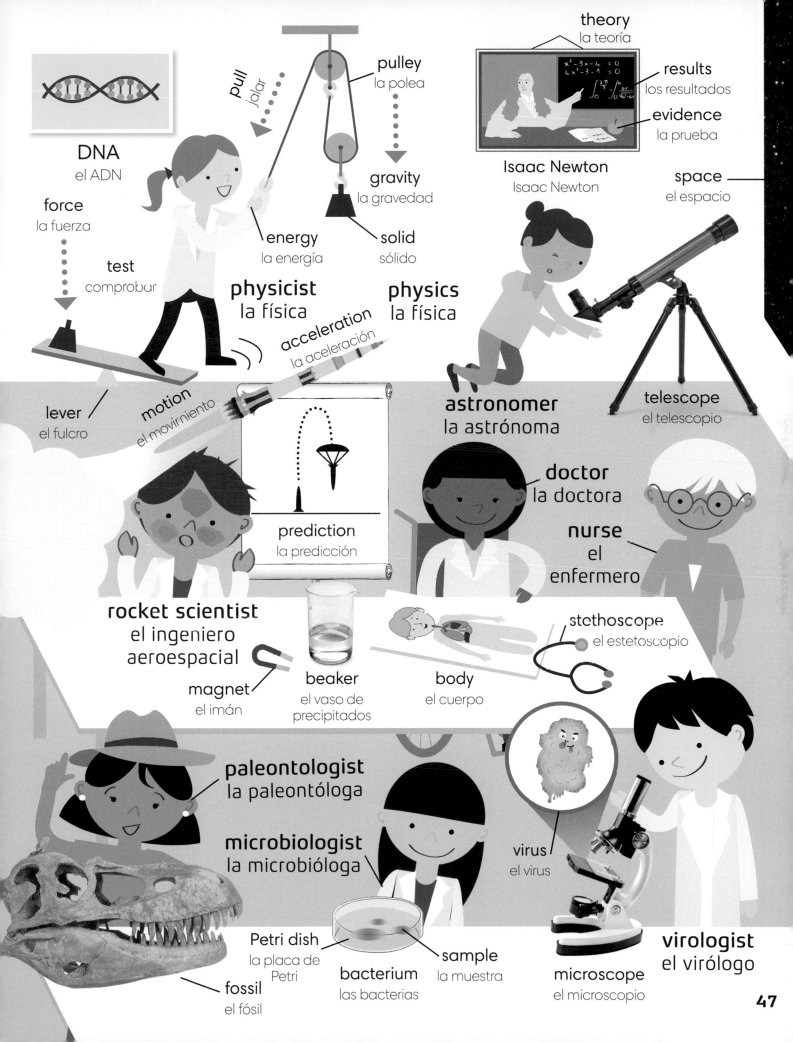

DNA
el ADN

force
la fuerza

test
comprobar

pull
jalar

pulley
la polea

gravity
la gravedad

energy
la energía

solid
sólido

physicist
la física

physics
la física

acceleration
la aceleración

motion
el movirniento

lever
el fulcro

theory
la teoría

results
los resultados

evidence
la prueba

Isaac Newton
Isaac Newton

space
el espacio

astronomer
la astrónoma

telescope
el telescopio

prediction
la predicción

doctor
la doctora

nurse
el enfermero

rocket scientist
el ingeniero
aeroespacial

magnet
el imán

beaker
el vaso de
precipitados

body
el cuerpo

stethoscope
el estetoscopio

paleontologist
la paleontóloga

microbiologist
la microbióloga

virus
el virus

Petri dish
la placa de
Petri

bacterium
las bacterias

sample
la muestra

fossil
el fósil

microscope
el microscopio

virologist
el virólogo

Ecosystems
Los ecosistemas

An ecosystem is a group of animals and plants living in a habitat, with different relationships to each other. Let's take a dip into the pond ecosystem. The arrows show how energy flows, and who benefits from each relationship.

Un ecosistema es un grupo de animales y plantas que viven en un hábitat. Sumérgete en el ecosistema del estanque. Las flechas muestran cómo fluye la energía y a quién beneficia cada relación.

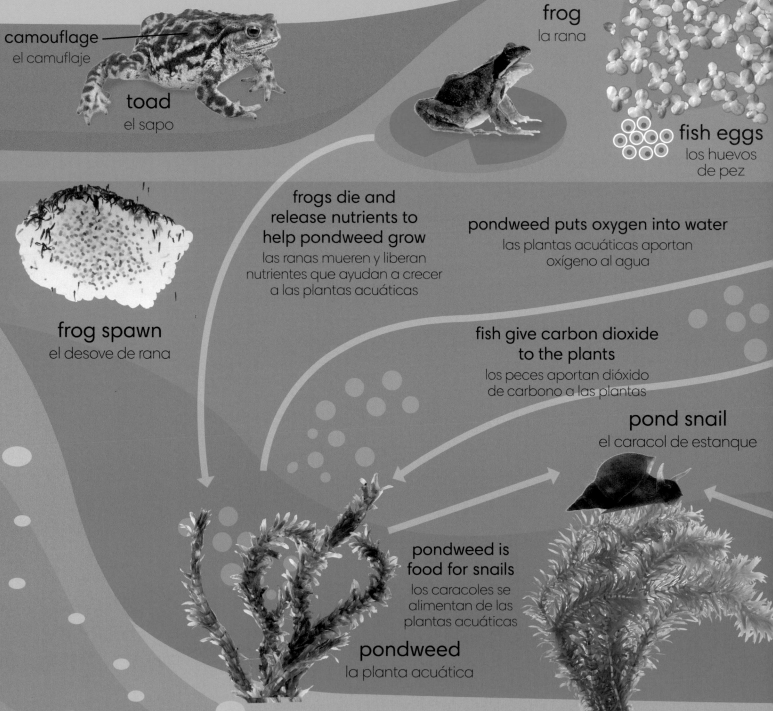

camouflage
el camuflaje

toad
el sapo

frog
la rana

fish eggs
los huevos
de pez

frogs die and
release nutrients to
help pondweed grow
las ranas mueren y liberan
nutrientes que ayudan a crecer
a las plantas acuáticas

pondweed puts oxygen into water
las plantas acuáticas aportan
oxígeno al agua

frog spawn
el desove de rana

fish give carbon dioxide
to the plants
los peces aportan dióxido
de carbono a las plantas

pond snail
el caracol de estanque

pondweed is
food for snails
los caracoles se
alimentan de las
plantas acuáticas

pondweed
la planta acuática

watercress
el berro de agua

consumer
el consumidor

producer
el productor

duckweed is food for ducks
los patos comen lentejas de agua

duckweed
las lentejas de agua

duck
el pato

newts lay eggs under plants
los tritones ponen sus huevos bajo las plantas

newt eggs
los huevos de tritón

fish are food for ducks
los patos comen peces

beetles are food for fish
los peces comen escarabajos

great diving beetle
el escarabajo buceador

newt
el tritón

fish
el pez

tadpoles are food for beetles
los escarabajos comen renacuajos

pondweed provides camouflage for newts
las plantas acuáticas sirven de camuflaje a los tritones

tadpoles
los renacuajos

tadpoles are food for dragonfly larvae
las larvas de libélula comen renacuajos

dragonfly larvae
las larvas de libélula

algae are food for pond snails
los caracoles comen algas

algae is food for tadpoles
los renacuajos comen algas

mosquito larvae are food for dragonfly larvae
las larvas de libélula comen larvas de mosquito

mosquito larvae
las larvas de mosquito

algae
las algas

algae are food for mosquito larvae
las larvas de mosquito comen algas

Classification of animals
Clasificación de los animales

Animals are classified, or grouped together, with others that have the same features. Look at all the different kinds of animals there are.

Los animales se clasifican o se agrupan con otros parecidos. Fíjate en los distintos tipos de animales que tienes aquí.

jellyfish
la medusa

coelenterates
los celenterados

myriapods
los miriápodos

millipede
el milpiés

centipede
el ciempiés

worms
los gusanos

roundworm
los gusanos cilíndricos

flatworm
los gusanos planos

echinoderms
los equinodermos

starfish
la estrella de mar

sea urchin
el erizo de mar

molluscs
los moluscos

snail
el caracol

mussels
los mejillones

octopus
el pulpo

squid
el calamar

crustaceans
los crustáceos

lobster
la langosta

sea monkey
las artemias salinas

crab
el cangrejo

shrimp
el camarón

arachnids
los arácnidos

spider
la araña

insects
los insectos

beetle
el escarabajo

fly
la mosca

bee
la abeja

butterfly
la mariposa

stick
insect
el insecto
palo

scorpion
el escorpión

invertebrates
los invertebrados

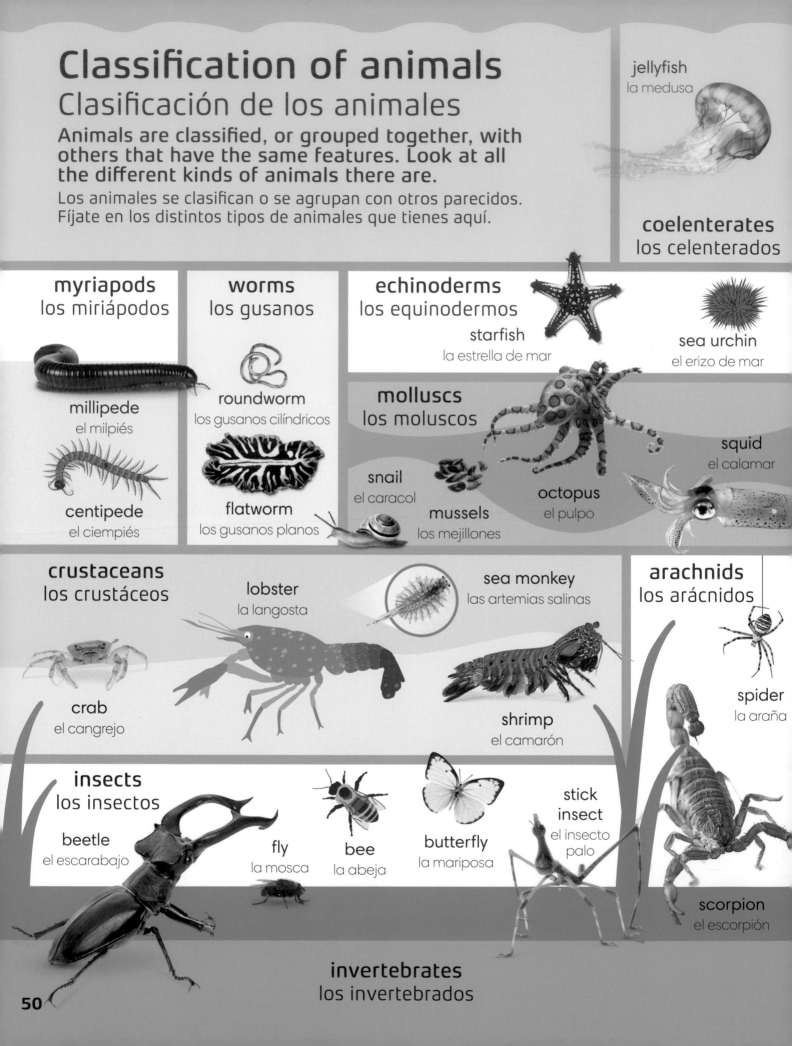

birds
las aves

penguin
el pingüino

owl
el búho

duck
el pato

chicken
la gallina

mammals
los mamíferos

horse
el caballo

polar bear
el oso polar

human
el humano

dog
el perro

rabbit
el conejo

marsupials
los marsupiales

duck-billed platypus
el ornitorrinco

koala
el koala

kangaroo
el canguro

lion
el león

cat
el gato

elephant
el elefante

amphibians
los anfibios

newt
el tritón

frog
la rana

toad
el sapo

reptiles
los reptiles

snake
la serpiente

tortoise
la tortuga

crocodile
el cocodrilo

fish
los peces

clownfish
el pez payaso

ray
la raya

shark
el tiburón

tuna
el atún

vertebrates
los vertebrados

Water
El agua

Water comes from many sources, including the kitchen tap. There is so much of it on Earth that our planet looks blue from space.

El agua viene de muchos lugares, hasta de la llave de la cocina. Hay tanta en la Tierra que nuestro planeta se ve azul desde el espacio.

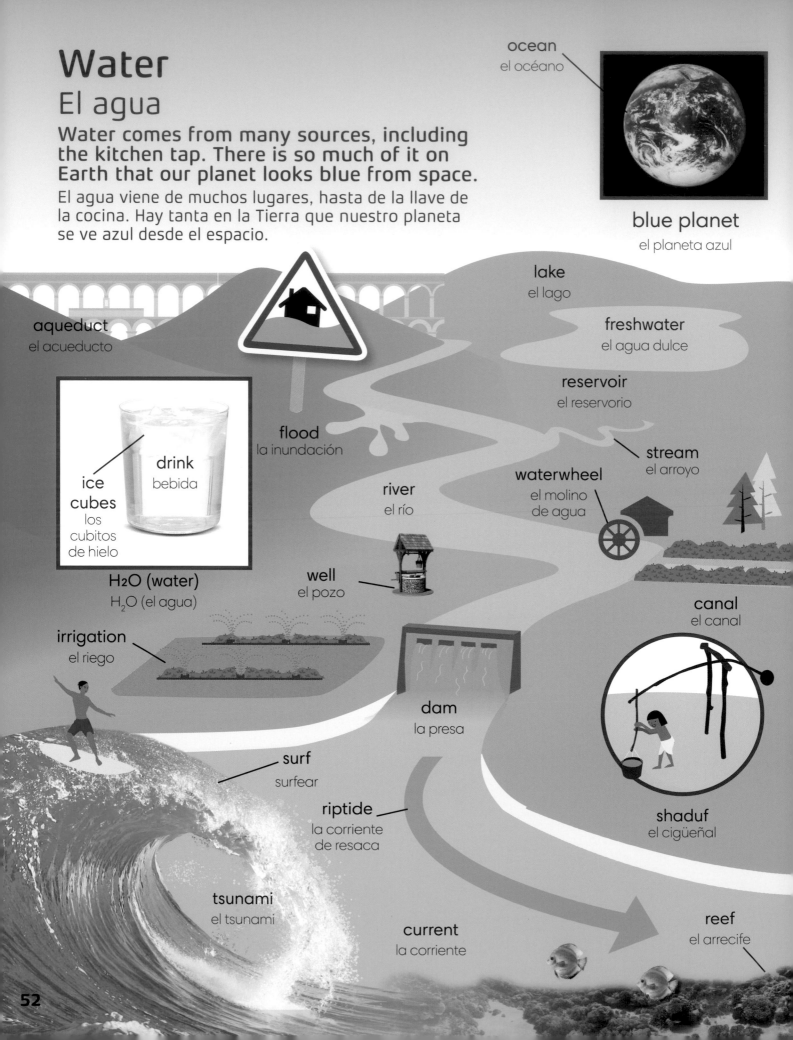

ocean
el océano

blue planet
el planeta azul

aqueduct
el acueducto

lake
el lago

freshwater
el agua dulce

reservoir
el reservorio

flood
la inundación

stream
el arroyo

waterwheel
el molino de agua

drink
bebida

ice cubes
los cubitos de hielo

river
el río

H₂O (water)
H₂O (el agua)

well
el pozo

canal
el canal

irrigation
el riego

dam
la presa

surf
surfear

shaduf
el cigüeñal

riptide
la corriente de resaca

tsunami
el tsunami

current
la corriente

reef
el arrecife

gas
el gas

condensation
la condensación

cloud
la nube

sleet
la aguanieve

hail
el granizo

water vapor
el vapor de agua

water cycle
el ciclo del agua

precipitation
la precipitación

evaporation
la evaporación

rain
la lluvia

mist
la niebla

saltwater
el agua salada

liquid
líquido

solid
sólido

ice
el hielo

melt
derretir

iceberg
el iceberg

freeze
congelar

snow
la nieve

thermometer
el termómetro

boil
hervir

pond
el estanque

sea
el mar

fish
el pez

float
flotar

glacier
el glaciar

sink
hundirse

53

Experiments
Los experimentos

Have you ever wanted to carry out an experiment? Here are some things you might need.

¿Nunca has querido hacer un experimento? Aquí hay algunas cosas que podrías necesitar.

Newton meter
el dinamómetro

equipment
los instrumentos

diagram
el diagrama

microscope
el microscopio

beaker
el vaso de precipitados

ruler
la regla

rock sample
la muestra de roca

thermometer
el termómetro

soil sample
la muestra de suelo

tweezers
las pinzas

pipette
la pipeta

sound meter
el sonómetro

Petri dish
la placa de Petri

spoon
la cuchara

scales
la balanza

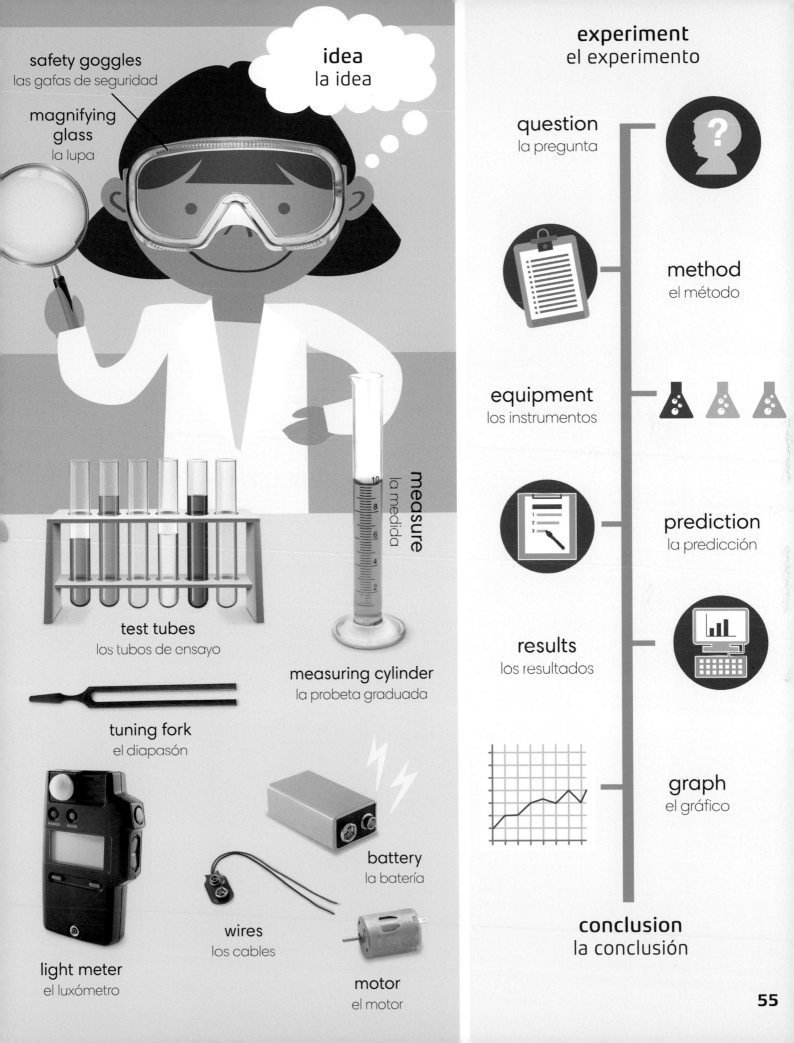

safety goggles
las gafas de seguridad

magnifying glass
la lupa

idea
la idea

test tubes
los tubos de ensayo

measure
la medida

measuring cylinder
la probeta graduada

tuning fork
el diapasón

battery
la batería

wires
los cables

light meter
el luxómetro

motor
el motor

experiment
el experimento

question
la pregunta

method
el método

equipment
los instrumentos

prediction
la predicción

results
los resultados

graph
el gráfico

conclusion
la conclusión

Mixing and cooking
Mezclar y cocinar

When you mix ingredients together, or heat them or cool them, you might end up making something new.

Si mezclas ingredientes o si los calientas o los enfrías, puedes terminar haciendo algo nuevo.

microwave
el microondas

mixer
el mezclador

solid
sólido

weighing scales
la báscula

blender
la licuadora

oven
el horno

roast
asar

mould
el molde

preserve
la conserva

pickle
el encurtido

burn
quemar

cook
cocinar

steam
el vapor

bubble
la burbuja

mold
el moho

thermometer
el termómetro

simmer
cocer

boil
hervir

raw
crudo

stove
la estufa

timer
el temporizador

**coffee
maker**
la cafetera

fridge
la nevera

freezer
l congelador

sieve
el colador

whisk
el batidor

mix
mezclar

proof
el levado

combine
combinar

wood-fired oven
el horno de leña

bake
hornear

smoke
el humo

grill
el grill

charcoal
el carbón

fire
el fuego

heat
calentar

campfire
la fogata

Light
La luz

We need light in order to see. Light comes from a variety of sources. The source of light we use most is the Sun.

Para ver, necesitamos luz. La luz procede de una gran variedad de fuentes. La que más utilizamos es la luz del Sol.

shadow
la sombra

spotlight
el foco

candle
la vela

light bulb
la bombilla

flame
la llama

fire
el fuego

light source
la fuente de luz

screen
la pantalla

flashlight
la linterna

shadow puppet
el títere de sombra

lamp
la lámpara

laser
el láser

color
el color

eye
el ojo

see
ver

filters
los filtros

spectrum
el espectro

iris
el iris

pupil
la pupila

lens
el cristalino

refraction
la refracción

optic nerve
el nervio óptico

look
mirar

UV light
la luz ultravioleta

infrared
los infrarrojos

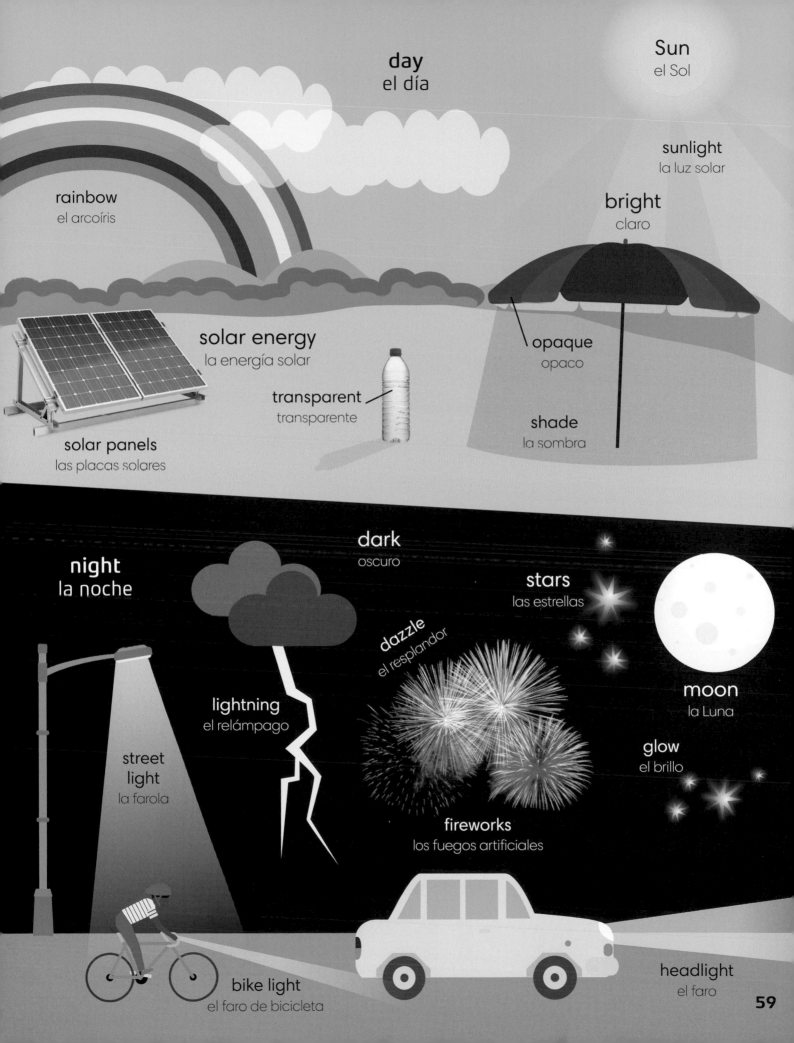

day
el día

Sun
el Sol

sunlight
la luz solar

rainbow
el arcoíris

bright
claro

solar energy
la energía solar

transparent
transparente

opaque
opaco

shade
la sombra

solar panels
las placas solares

dark
oscuro

night
la noche

stars
las estrellas

dazzle
el resplandor

moon
la Luna

lightning
el relámpago

glow
el brillo

street light
la farola

fireworks
los fuegos artificiales

bike light
el faro de bicicleta

headlight
el faro

59

Sharing and grouping
Distribuir y agrupar

Some things come in pairs or in larger groups. We may need to divide them up—one for me and one for you!

Algunas cosas van en parejas o en grupos más numerosos. A veces tenemos que dividirlas: ¡una para mí y otra para ti!

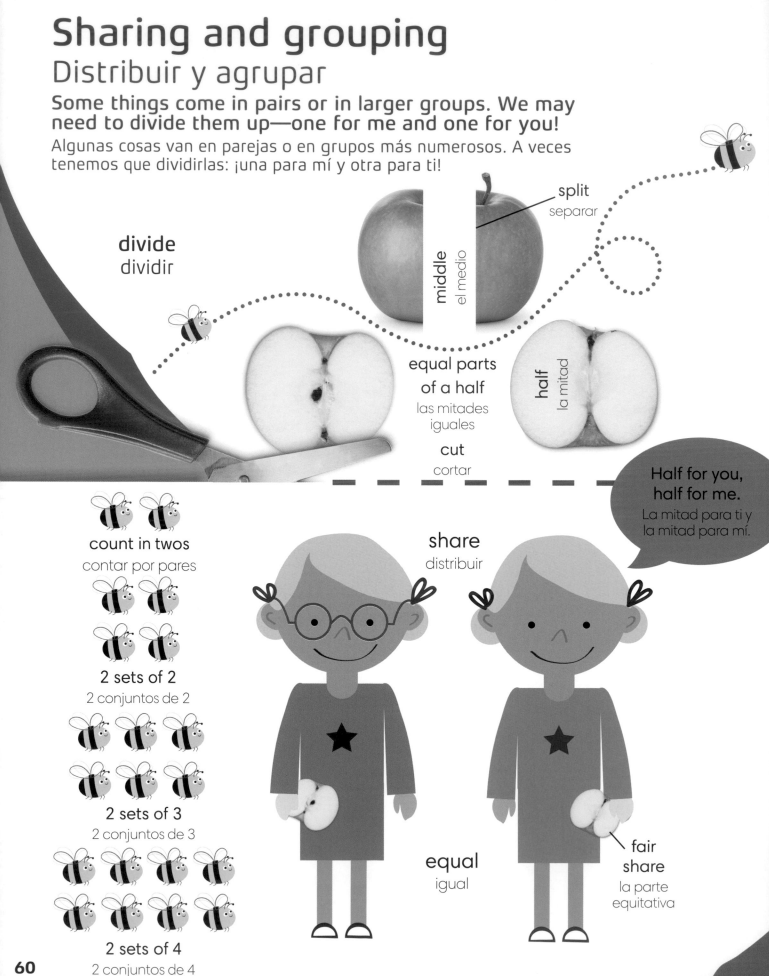

split
separar

divide
dividir

middle
el medio

equal parts
of a half
las mitades
iguales

half
la mitad

cut
cortar

Half for you,
half for me.
La mitad para ti y
la mitad para mí.

count in twos
contar por pares

2 sets of 2
2 conjuntos de 2

2 sets of 3
2 conjuntos de 3

2 sets of 4
2 conjuntos de 4

share
distribuir

equal
igual

fair
share
la parte
equitativa

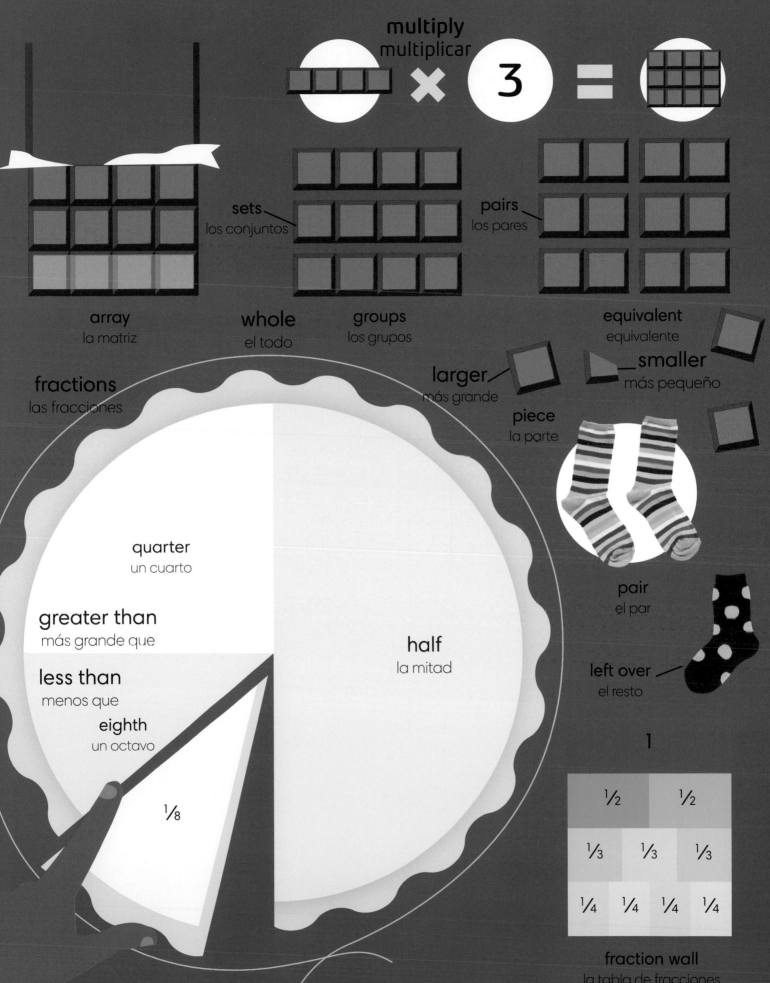

multiply
multiplicar

× 3 =

array
la matriz

sets
los conjuntos

whole
el todo

groups
los grupos

pairs
los pares

equivalent
equivalente

larger
más grande

smaller
más pequeño

piece
la parte

fractions
las fracciones

quarter
un cuarto

greater than
más grande que

less than
menos que

eighth
un octavo

⅛

half
la mitad

pair
el par

left over
el resto

1

½		½	
⅓	⅓		⅓
¼	¼	¼	¼

fraction wall
la tabla de fracciones

Adding and subtracting
Sumar y restar

How many do you have? Have some been added or taken away? We need different words to describe how the number of things changes.

¿Cuántas cosas tienes? ¿Has añadido más o las has quitado? Necesitamos palabras que describan los cambios de cantidad.

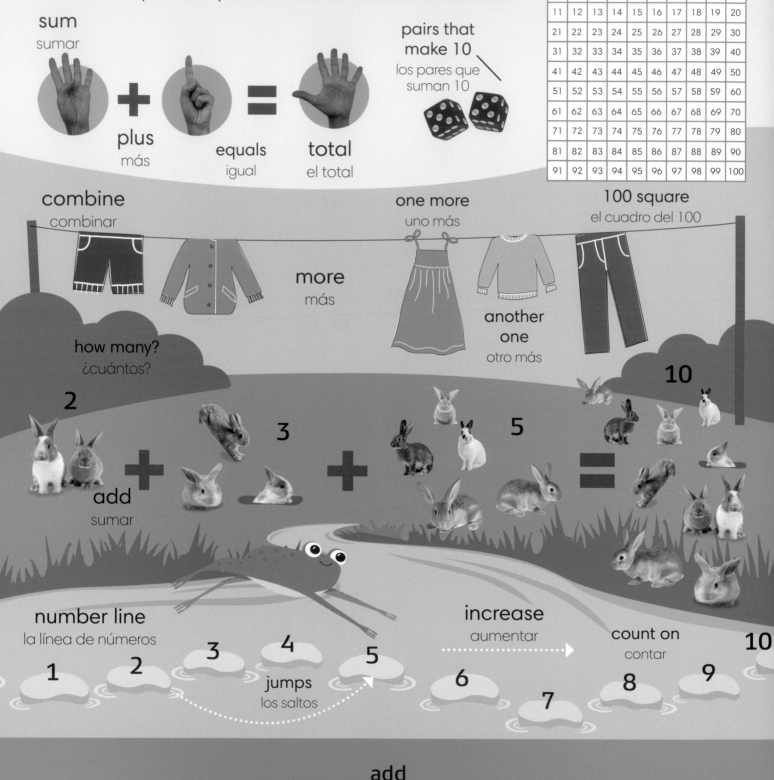

sum
sumar

plus
más

equals
igual

total
el total

pairs that make 10
los pares que suman 10

1	2	3	4	5	6	7	8	9	10
11	12	13	14	15	16	17	18	19	20
21	22	23	24	25	26	27	28	29	30
31	32	33	34	35	36	37	38	39	40
41	42	43	44	45	46	47	48	49	50
51	52	53	54	55	56	57	58	59	60
61	62	63	64	65	66	67	68	69	70
71	72	73	74	75	76	77	78	79	80
81	82	83	84	85	86	87	88	89	90
91	92	93	94	95	96	97	98	99	100

combine
combinar

one more
uno más

100 square
el cuadro del 100

more
más

another one
otro más

how many?
¿cuántos?

2

add
sumar

3

5

10

number line
la línea de números

1 2 3 4 5 6 7 8 9 10

jumps
los saltos

increase
aumentar

count on
contar

add
sumar

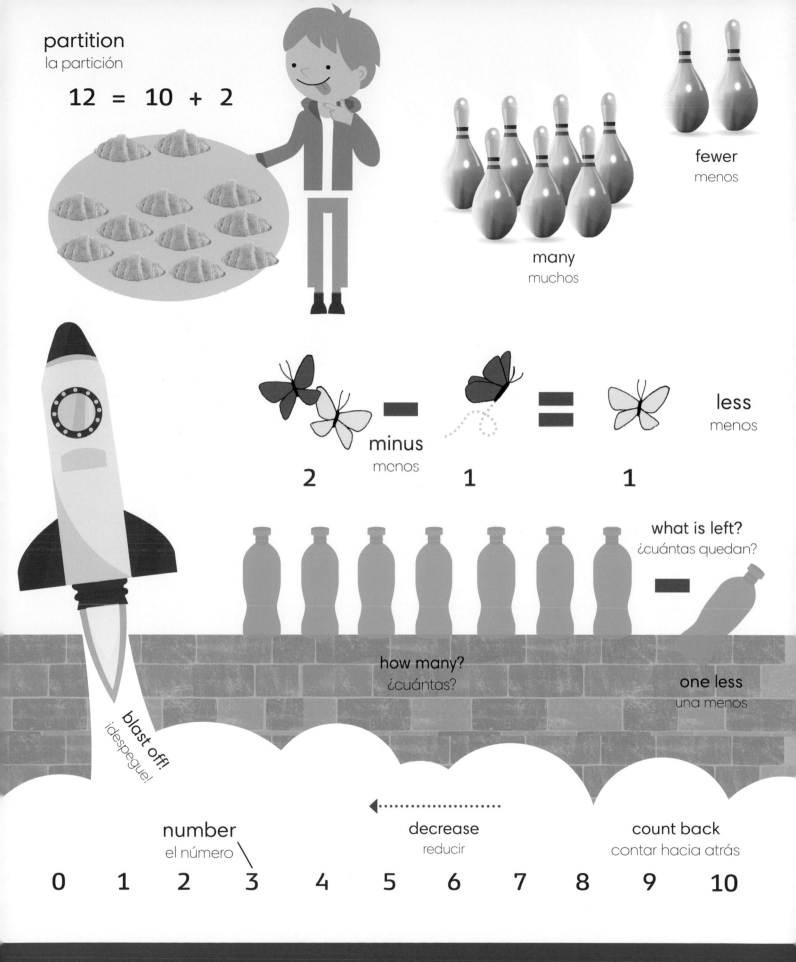

partition
la partición

12 = 10 + 2

fewer
menos

many
muchos

minus
menos

less
menos

2   1   1

what is left?
¿cuántas quedan?

blast off!
¡despegue!

how many?
¿cuántas?

one less
una menos

number
el número

decrease
reducir

count back
contar hacia atrás

0   1   2   3   4   5   6   7   8   9   10

subtract
restar

Agradecimientos

Los editores agradecen a los siguientes su permiso para reproducir sus fotografías:

(Clave: a: arriba; b: bajo/debajo; c: centro; e: extremo; i: izquierda; d: derecha; s: superior)

1 123RF.com: Kittipong Jirasukhanont (sc); likelike (bd). Depositphotos Inc: joachimopelka (ebd). Dorling Kindersley: Natural History Museum, Londres (cdb/Skull); Senckenberg Gesellshaft für Naturforschugn Museum (bi). Dreamstime.com: Aomvector (cib); Icefront (si); Macrovector (cb); Krungchingpixs (cdb). 2 123RF.com: Fernando Gregory Milan (sd). Getty Images: Science Photo Library / Sergii Iaremenko (si). 3 123RF.com: phive2015 (cib). 6-7 Dreamstime.com: Hospitalera; Orlando Florin Rosu (b). 6 Alamy Stock Photo: D. Hurst (bc). Dorling Kindersley: Liberty's Owl, Raptor and Reptile Centre, Hampshire, Reino Unido (cb). Dreamstime.com: Stan Ioan-alin / Stanalin (ci); Joystockphoto (sd). Getty Images / iStock: Sieboldianus (cib). 7 123RF.com: Eric Isselee (bc). Dreamstime.com: Aomvector (cda); Joystockphoto (s); Photodeti (si); Dirk Ercken / Kikkerdirk (sc); Iakov Filimonov / jackf (c); Miramisska (cdb); Onyxprj (bd). 8 Dorling Kindersley: Peter Anderson (cdb). Dreamstime.com: Iakov Filimonov / Jackf (ca); Kellyrichardsonfl (bi); Hospitalera (cib). Getty Images / iStock: RinoCdZ (c). 9 123RF.com: Eric Isselee / isselee (cd); Eric Isselee (cd/borrego); Anatolii Tsekhmister / tsekhmister (cb/conejo). Dorling Kindersley: Peter Anderson (ci). Dreamstime.com: Ziga Camernik (bi); Stephanie Frey (ca/nido); Josef Skacel (sd); Anton Ignatenco (cda); Damian Palus (cia); Rudmer Zwerver / Creativenature1 (bc). Fotolia: Csaba Vanyi / emprise (cb). Getty Images / iStock: RinoCdZ (ca). 10 Dreamstime.com: Alexxl66 (cb); Dreamzdesigner (ca); Nexus7 (sd). 11 123RF.com: 29mokara (cb); Aleksandr Ermolaev (ci); Brian Kinney (cdb/aeroplano). Dorling Kindersley: Aberdeen Fire Department, Maryland (cib); Bate Collection (cia). Dreamstime.com: Jiri Hera (cda); Nerthuz (sd); Isselee (c); Michael Truchon / Mtruchon (cdb). 12 123RF.com: Milic Djurovic (cia); Valery Voennyy / vvoennyy (cb). Dreamstime.com: Nerthuz (sd); Radub85 (esd). 13 123RF.com: Micha? Giel / gielmichal (sd); manaemedia (sc); Richard Thomas (cdb); nerthuz (bi). Dorling Kindersley: James Mann / David Riman (bd); Toro Wheelhorse UK Ltd (c); National Railway Museum, Nueva Dehli (bc). Dreamstime.com: Carlos Caetano (ca); Andrey Navrotskiy (cia); Andrés Rodríguez / Andresr (cda); Tuulijumala (cda/teléfono); Shariff Che' Lah / Shariffc (cb). 14 123RF.com: Kittipong Jirasukhanont (bc); mopic (c). Dreamstime.com: Torian Dixon / Mrincredible (cb); Levgenii Tryfonov / Trifff (bi). 15 123RF.com: solarseven (c). Alamy Stock Photo: Jupiterimages (cib). Dorling Kindersley: Andy Crawford (si). Dreamstime.com: Viktarm (cdb). ESO: (bd). Getty Images: Steffen Schnur (cda). Unsplash: Jongsun Lee / @sarahleejs (sd). 16 Alamy Stock Photo: NASA Photo (cib). Dorling Kindersley: Science Museum, Londres (bd/x2). Dreamstime.com: Titoonz (bi). NASA: (cia, cda, cdb). 16-17 Dreamstime.com: Astrofireball (b); Nerthuz (ca). 17 Dorling Kindersley: Andy Crawford / Bob Gathany (ca); Science Museum, Londres (bi/x2); NASA (cd). Dreamstime.com: Igor Korionov (bd); Philcold (sd). NASA: (cib); NASA Goddard / Arizona State University (bc). 18 123RF.com: nerthuz (cdb). Dorling Kindersley: National Motor Museum Beaulieu (cia); Skoda UK (c). Dreamstime.com: Leonello Calvetti (b); Mlan61 (cda); Haiyin (ci); Michal Zacharzewski / Mzacha (cd); Vincentstthomas (cb). 19 Dorling Kindersley: Llandrindod Wells National Cycle Museum Wales (bd); J.D Tandems (cdb). Dreamstime.com: Bob Phillips / Digital69 (sc); Marinko Tarlac / Mangia (si); Tacettin Ulas / Photofactoryulas (sd); Olga Samorodova (ca); Vladvitek (cb). 20 Dorling Kindersley: Fleet Air Arm Museum (cia); Tanks, Trucks and Firepower Show (c); The Tank Museum, Bovington (cd); James River Equipment (bd). Dreamstime.com: Eugene Berman (sd); Mlan61 (cib); Photobac (cdb). 21 123RF.com: Robert Churchill (cb). Dorling Kindersley: Doubleday Swineshead (sd); George Manning (cd); Matthew Ward (sc/Land Rover). Dreamstime.com: Nikolay Antonov (si); Natursports (ci); Robwilson39 (cdb); Classic Vector (cda); Shariff Che' Lah / Shariffc (cda/auto); Soleg1974 (cia); Topgeek (ca); Gradts (sc); Eric Isselée / Isselee (sc/caballo). Getty Images / iStock: DigitalVision Vectors / filo (bi); dumayne (bc). 22 123RF.com: alhovik (bd); Andrey Armyagov / cookelma (b); Serg_v (s). Dreamstime.com: Marilyn Gould / Marilyngould (cib). 23 Dreamstime.com: Rita Jayaraman / Margorita (cb); Mike Ricci (sd); Zuberka (cib). Getty Images / iStock: E+ / miljko (cda); mysticenergy (s). 24 Dreamstime.com: Radub85 (cia). 25 123RF.com: jovannig (c). Dreamstime.com: Tartilastock (bd, ca). Getty Images / iStock: DigitalVision Vectors / diane555 (cib). 26 Dreamstime.com: Radub85 (bi). 27 123RF.com: tribalium123 (cb). Alamy Stock Photo: Design Pics Inc. (cib). Dreamstime.com: Anton Ignatenco (cd). 28 123RF.com: Maria Wachala (sd). Dorling Kindersley: Alan Keohane (cda); Natural History Museum, Londres (ci). Dreamstime.com: Photka (bi). Fotolia: apttone (ca). Getty Images / iStock: wanderluster (cib). 28-29 Dreamstime.com: Charlotte Lake (b). 29 Dreamstime.com: BY (ca); Coolmintproductions (si); Ruslan Gilmanshin (cib); Dmstudio (cb); Jianghongyan (cib/tronco); Valentyn75 (cb/ostra); Puripat Khummungkhoon (cdb). 30 Dorling Kindersley: Durham University Oriental Museum (cb); Natural History Museum, Londres (bc); Holts Gems (cdb). Dreamstime.com: Richard Griffin (cda); Isselee (ci); Irina Tischenko / Irochka (ca). Fotolia: apttone (cb/diamante). Getty Images / iStock: UrosPoteko (cia). 30-31 Dreamstime.com: Mansum008 (bc). Getty Images: Ratnakorn Piyasirisorost. 31 123RF.com: klotz (ci). Dorling Kindersley: Skoda UK (ca). Dreamstime.com: Georgii Dolgykh / Gdolgikh (cb); Maksim Toome / Mtoome (cdb); Whilerests (cdb/coche cupé); Konstantinos Moraitis (ecdb). 32 123RF.com: leonello calvetti (cda); Andrzej Tokarski / ajt (bi). Dreamstime.com: Andrey Burmakin (ca); Elena Schweitzer / Egal (cib/microscopio); Andrey Sukhachev / Nchuprin (cib); Isselee (bc); Stu Porter / Stuporter (bc/guepardo); Shariff Che' Lah / Shariffc (bd). 33 123RF.com: bovalentino (cdb/sirena). Dorling Kindersley: Natural History Museum, Londres (ca). Dreamstime.com: Johannesk (ci); Yifang Zhao (cdb); Ihor Smishko (bd). 34 123RF.com: Roman Samokhin (cda). Dreamstime.com: Buriy (bi/chatarra); Nagy-bagoly Ilona (bi); Sarawuth Pamoon (bi/tubería); Dan Van Den Broeke / Dvande (cda/electroimán, cia); Photobac (ca); Dmitry Rukhlenko (cdb/x 2). 35 123RF.com: serezniy (ecib/luz); Tomasz Trybus / irontrybex (ecia); Anton Starikov (ci). Dorling Kindersley: Quinn Glass, Britvic, Fentimans (cib, cb/botella); Science Museum, Londres (ecib); Jemma Westing / Dave King (cb). Dreamstime.com: Péter Gudella (eci); Stephen Sweet / Cornishman (cia); Maglara (cia/mesa); Robert Wisdom (eci/computadora portátil); Vladimir Ovchinnikov / Djahan (ecib/tableta); Yury Shirokov / Yuris (cdb); Rangizzz (cd). Getty Images / iStock: CasarsaGuru (cda); worradirek (sc); Picsfive (ecia/Bottles); t_kimura (ecd). 36 123RF.com: Serg_v (ca). Dreamstime.com: Soleg1974 (cib). Getty Images / iStock: franckreporter (bd); Henrik5000 (bi). 37 Dreamstime.com: Allexxandar (bd); AWesleyFloyd (cda); Anton Ignatenco (cda/manzanas). Getty Images / iStock: TheArtist (sd). 38 Dorling Kindersley: Claire Cordier (bi); Royal International Air Tattoo 2011 (ca). Dreamstime.com: Icefront (cia); Kirati Kicharearn (ci); Snake3d (cib). 39 123RF.com: Kittipong Jirasukhanont (si); solarseven (sc); pteshka (cia); Oksana Tkachuk (ecd). Dorling Kindersley: Chris Gomersall Photography (cib). Dreamstime.com: 3drenderings (bi); Bob Phillips / Digital69 (ecda); Torsakarin (cda); Steve Mann / The_guitar_mann (cda/helicóptero); Dmitry Pichugin / Dmitryp (b); Domiciano Pablo Romero Franco (cb).

40 123RF.com: alexeykonovalenko (cib). Dorling Kindersley: Natural History Museum, Londres (cdb, cdb/plesiosaurio); Senckenberg Gesellshaft für Naturforschugn Museum (ca); Natural History Museum (bd). Dreamstime.com: Mr1805 (bi, bc). 41 123RF.com: leonello calvetti (cda); virtexie (ci). Dorling Kindersley: Natural History Museum, Londres (cia). Dreamstime.com: Valentyna Chukhlyebova (cdb); Digitalstormcinema (bi); Corey A Ford (bc). 42 123RF.com: likelike (ci). Depositphotos Inc: joachimopelka (c). Dreamstime.com: Alexey Borodin (cdb); Krungchingpixs (eci); Schondrienn (cib); Vaclav Volrab (bc); Zerbor (bc/piña); Wawritto (cd). 42-43 Dreamstime.com: Designprintck. 43 123RF.com: Natthakan Jommanee (ecib); Oleg Palii (c). Dreamstime.com: Abrakadabraart (bi); Peterfactors (sc, cia); Anphotos (sd); Alfio Scisetti (cd); Oleksandr Panchenko (ci); Domnitsky (eci); Anton Ignatenco (cib); Katerina Kovaleva (cb); HongChan001 (cdb); Tihis (ecdb); Gongxin (bd). 44 123RF.com: Richard E Leighton Jr (cb). Dreamstime.com: Svetlana Larina / Blair_witch (cib). 44-45 123RF.com: Serg_v (ca). Dreamstime.com: Charlotte Lake (b). 45 Dreamstime.com: Zerbor (si, sd). 46 Dreamstime.com: Andrii Iarygin (cd); Smallow (cdb); Hermin Utomo / Herminutomo (bd). Fotolia: Auris (cib/x2). Getty Images: MirageC (cia). 47 Dorling Kindersley: Natural History Museum, Londres (bi). Dreamstime.com: Michał Rojek / Michalrojek (sd); trekandshoot (cda); Elena Schweitzer / Egal (bd). 48 Alamy Stock Photo: Chris Mattison (cia). Dreamstime.com: Isselee (cdb); Jgade (ca). 48-49 Dreamstime.com: Sensovision (ca/x2). 49 123RF.com: Pan Demin (cdb). Dreamstime.com: Tatsuya Otsuka (si, cda); Palex66 (cb). 50 123RF.com: Sommai Larkjit (cib); Pavlo Vakhrushev / vapi (sd). Dorling Kindersley: Linda Pitkin (c). Dreamstime.com: Cynoclub (bi); Isselee (cdb); Domiciano Pablo Romero Franco (cb). 51 123RF.com: Yuliia Sonsedska (cd). Dorling Kindersley: Twan Leenders (cib). Dreamstime.com: Mikhail Blajenov / Starper (cdb); Kotomiti_okuma (si); Eric Isselée / Isselee (sc); Olha Lytvynenko (cia); Jgade (cib/rana); Zweizug (bd); Isselee (cda). Fotolia: Eric Isselee (cia/koala). 52 Dorling Kindersley: NASA (sd). Dreamstime.com: Eyewave (cia); Paul Fleet / Paulfleet (c); Paul Topp / Nalukai (bi); Jesue92 (bd). 52-53 123RF.com: mihtiander (bc). 53 Dorling Kindersley: Peter Anderson (cib). Getty Images / iStock: marrio31 (bi). 54 123RF.com: anmbph (cb/termómetro). Dreamstime.com: Jörg Beuge (bi); Dmitriy Melnikov / Dgm007 (cia); Feng Yu (cib); Catalinr (bc); Puntasit Choksawatdikorn (cb); Raisa Muzipova (cda); Irina Brinza (cd); Fokinol (cdb); Chernetskaya (cdb/suelo); Kwanchaichaiudom (bd). 55 Dreamstime.com: Szerdahelyi Adam (bi); Yael Weiss (ecia); Macrovector (ci); Mohammed Anwarul Kabir Choudhury (c); Nongpimmy (d/x5); Ylivdesign (cda). Getty Images: MirageC (cia). 56 123RF.com: bagwold (cda); Milosh Kojadinovich (ca/gelatina). Dreamstime.com: Cynoclub (c); Emin Ozkan (cia); Sergioua (ca); Nexus7 (ci); Drohn88 (cd); Olga Popova (cib); Witold Krasowski / Witoldkr1 (bi). 57 Dreamstime.com: Mihajlo Becej (cia); Anton Starikov (cib); Lukas Gojda (bd); Makc76 (sd); Design56 (si). 58 123RF.com: phive2015 (ca); serezniy (ecia). Dorling Kindersley: Stephen Oliver (cb). Dreamstime.com: Natalya Aksenova (cia); Augusto Cabral / Gubh83 (cda); Margojh (cd); Robert Wisdom (c); Carla F. Castagno / Korat_cn (bd). Fotolia: Matthew Cole (ca/antorcha). 59 Alamy Stock Photo: Jan Miks (cb). Dreamstime.com: BY (ca); Nikolay Plotnikov (bi). Getty Images / iStock: spawns (cia). 62 123RF.com: pixelrobot (ca); Тимур Конев (cia); Anatolii Tsekhmister / tsekhmister (cb, cdb/conejo marrón). Dreamstime.com: Pavel Sazonov (cd, cb/conejo blanco). Fotolia: Stefan Andronache (cib/2 conejos, cdb/2 conejos). Getty Images: Mike Kemp (cib, cdb/conejo que salta). 63 123RF.com: Maria Averburg (sd). Dreamstime.com: Ivan Kovbasniuk (cia). 64 Dreamstime.com: Mohammed Anwarul Kabir Choudhury (cdb).

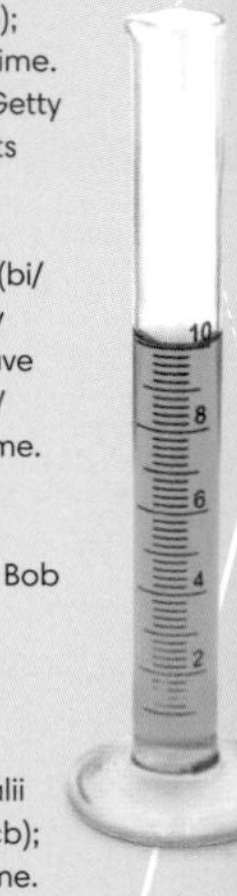

Imágenes de la cubierta: Cubierta frontal: 123RF.com: andreykuzmin si/ (brújula), madllen cib/ (brote), phive2015 sc, rustyphil, Peter Schenk / pschenk ecdb; Alamy Stock Photo: Jupiterimages cia/ (transbordador); Dorling Kindersley: Andy Crawford si, Natural History Museum, Londres cdb/ (mariposa azul), cdb/ (mariposa azul nocturna), cdb/ (mariposa púrpura), cdb/ (polilla), Space and Rocket Center, Alabama cd; Dreamstime.com: Astrofireball t/ (Luna x7), Leonello Calvetti ebi, Torian Dixon / Mrincredible c, Sebastian Kaulitzki / Eraxion cda, Sergey Kichigin / Kichigin cdb/ (copo de nieve), ecib, Newlight cdb, Elena Schweitzer / Egal cib/ (microscopio), Shishkin cia, Vtorous / VaS (formas x5); Fotolia: Auris ecda, eci, dundanim cib/ (Tierra), valdis torms cda/ (átomo); Getty Images: MirageC cib; Contracubierta: 123RF.com: gradts sc, madllen cb/ (brote), phive2015 si, rustyphil, Peter Schenk / pschenk cd; Alamy Stock Photo: Jupiterimages cia; Dorling Kindersley: Andy Crawford si/ (Hubble), Space and Rocket Center, Alabama esi; Dreamstime.com: Torian Dixon / Mrincredible cdb, Sebastian Kaulitzki / Eraxion cda, Sergey Kichigin / Kichigin ecib, Newlight cdb/ (balanza), Elena Schweitzer / Egal cib, Shishkin cb, Vtorous / VaS (formas x5); Fotolia: Auris ebi, eci, dundanim sd; Getty Images: MirageC cb/ (ojo); Lomo: 123RF.com: phive2015 s.

Resto de las imágenes: © Dorling Kindersley
Para más información ver: www.dkimages.com